독립협회를 창설한 개화·개혁의 선구자
서재필

독립협회를 창설한 개화·개혁의 선구자 서재필

| **김승태** 지음 |

머리말

서재필徐載弼은 한국 근현대사에서 큰 산과 같은 인물이다.

그는 개화의 선구자이자 혁명가·언론인·의사·외교관·독립운동가로 잘 알려져 있다. 그에 관한 저서와 논문이 대략 200여 편이 넘는데, 그중 그에 대한 오해와 비판도 있다. 그것은 그가 시대를 앞서 가던 선구자요, 리더였기 때문이다.

필자는 1986년 봄 독립기념관 연구원으로 재직할 때, 안춘생 관장님을 모시고 미국에 가서 서재필의 유품을 인수해온 적이 있다. 그 인연으로 서재필에게 관심을 가졌고, 그의 생애를 알아갈수록 다른 독립운동가들에게서 느끼는 것과는 다른 진한 감동을 받았다.

첫째는 그가 끊임없는 변혁을 추구한 실천적 개혁사상가였다는 점이다. 갑신정변, 독립협회, 3·1운동 직후의 독립 외교활동에 참여했으며, 해방 후 말년에 미군정 고문으로 활동한 것은 그가 일생을 실천적 개혁사상가로 살았다는 사실을 잘 나타내준다.

둘째는 조국과 민족에 대한 뜨거운 사랑이다. 비록 미국인으로 귀화하기는 했지만, 그는 한시도 조국과 민족을 버리거나 잊은 적이 없었다. 물론 협소한 민족주의적 시각에서 꼬투리를 잡는다면 미국인으로 귀화한 것이라든가, 조국에서 미국인 행세를 한 것, 말년에 모국어를 많이 잊어버려 유창하게 우리말을 하지 못했던 점 등을 비판하는 것도 어떤 면에서는 타당하다. 그러나 그가 그렇게 처신하게 된 정황을 조금만 더 살펴본다면, 모두 쉽게 이해하고 설명할 수 있다. 중요한 것은 조국에 대한 그의 열정과 사랑이 없었거나 변질되었느냐 하는 것이다. 그의 조국에 대한 열정과 사랑은 한평생 변함이 없었다. 조국이, 즉 올바른 개혁을 꺼리고 자신들의 권익만을 추구한 세력이 그를 배신했던 것이지, 서재필이 조국을 등지거나 배반한 적은 한 번도 없었다.

1951년 1월 5일, 그는 제2의 모국이 된 미국 필라델피아 근교에서 87세로 생을 마쳤다. 장례식 날, 지역신문에 실린 그에 대한 사설은 운명적인 두 조국에 대한 충실했던 일생을 다음과 같이 높이 평가했다.

세상에서 가장 적극적인 한국독립운동 지지자 가운데 한 사람인 메디아 시의 서재필 박사가 오늘 안장되었다. 한국 태생인 서재필 박사는 젊은 시절부터 자신과 한국민족의 자유와 독립을 되찾기 위한 불타는 정열을 품어왔고, 그 갈망을 행동으로 옮겼다. 불행히도 그의 작은 고국은 열강의 세력이 교차하던 곳이었다. 침략국들에 대한 그의 투쟁은 끝이 없었고, 더욱이 승리는 불가능하였다. …… 그러나 그는 미국시민이 되고 난 후에도 한국독립운동을 포기하지 않았다. …… 서재필 박사의 생애는 그의 고국과 귀화한 나라에서 자유와 정의를 위한 열망으로 특징지어졌다. 그런 의미에서 그는 여러 나라 역사상의 요란했던 인물들과는 달랐다. 그들 행동의 동기는 개인적인 권력에 대한 욕망이었으며, 그들은 국민에 통제권을 부여하는 정부 제도에 반대했다. 대부분의 참다운 역사적 위인들과 마찬가지로, 서재필 박사도 살아있는 동안보다 그의 죽음과 함께 그가 귀화한 사회에서 더욱 높이 평가되었다.

이 책을 쓰던 마지막 무렵 서재필이 남긴 국문 자료를 꼼꼼히 찾아 엮은 최기영 선생의 『서재필이 꿈꾼 나라』라는 책이 출판되어 많은 도움이 되었다. 아무쪼록 이 작은 책이 민주개혁의 선구자인 서재필의 생애와 사상을 이해하고, 마음에 간직하는 데 조금이라도 도움이 된다면 더 바랄 것이 없겠다.

2011년 11월

김 승 태

차례

명문가에서 태어나 과거에 합격하다 01

서재필徐載弼은 1864년 1월 7일 전라남도 보성 외가에서 태어났다. 그의 아버지는 대구를 본으로 하는 서광언徐光彦(뒤에 광효光孝로 고침)으로 서재필이 태어나던 해에 생원 진사과에 합격한 평범한 지방 유생에 불과했지만, 어머니는 보성지역의 명문가인 성주 이씨 이기대李箕大의 다섯째 딸이다. 이기대의 아버지 즉 서재필의 외증조부 이유원李有源은 이조참판을 지낸 인물이었다. 서재필의 형제로는 형 재춘載春, 동생 재창載昌 · 재우載雨가 있고, 누이동생이 한 명 더 있었다.

그가 태어난 19세기 중엽은 영국 · 미국을 비롯한 서양 제국들이 동양으로 한창 그 세력을 확장하던 때였다. 중국 청나라는 1842년 8월 영국과 아편전쟁에 패배하여 난징조약을 맺어 영국에 홍콩을 할양하고 광저우 · 상하이 등 다섯 항구를 개방하였다. 일본도 1854년 3월 미국 페리M. C. Perry 제독의 압력에 굴복하여 미일화친조약을 맺음으로써 그때까지의 쇄국정책을 포기하고, 1858년 7~8월에는 미국 · 네덜란드 · 러시아 · 영국 등과 수호통상조약을 맺어 서구 제국과 교류를 확대하였다.

전남 보성군 문덕면 가천리 서재필 생가

국내에서는 서재필이 태어난 며칠 후인 1864년 1월 16일 철종 임금
이 후사 없이 붕어하였다. 흥선군 이하응李昰應의 둘째 아들 명복命福(고종)
이 그 뒤를 이어 임금이 되었는데, 당시 고종의 나이는 12세였기 때문에
실제적인 왕권은 그의 아버지인 흥선대원군이 행사하였다. 대원군은 정
권을 잡자 세도정치의 폐단을 일소함과 동시에 안으로는 경복궁을 중건
하고 서원을 철폐하여 왕권을 강화하고, 밖으로는 쇄국정책을 써서 청
나라를 제외한 다른 나라와의 교류와 통상을 거절하였다.

대원군은 1866년 초부터 국내에서 활동하던 천주교인들을 대대적으
로 박해하여 남종삼·홍기주와 베르뇌를 비롯한 프랑스인 신부 9명을 처
형하였다. 같은 해 9월에는 통상을 요구하며 대동강을 따라 평양에 들어

제너럴셔먼호

온 미국 상선 제너럴셔먼호를 불태우는 사건이 일어났다. 프랑스도 천주교 신부의 처형을 빌미로 조선의 문호를 개방하고자 1866년 9월 함대를 파견하여 강화도를 점령했으나, 관민의 항전으로 점령한지 한 달 만에 퇴각하였다(병인양요).

제너럴셔먼호 사건을 빌미로 미국도 조선의 문호를 개방하고자 1871년 4월 군함을 거느린 아시아함대 사령관 로저스를 파견하여 강화도 광성보를 점령했으나, 5월 군민의 저항으로 물러갔다(신미양요). 대원군은 이러한 사건들을 계기로 쇄국정책을 더욱 강화하고, 1871년 6월 서울의 종로 네거리와 전국 각지에 척화비斥和碑를 세우게 하였다. 척화비에는 다음과 같이 새겨져 있다.

서양 오랑캐가 침범하는데 싸우지 않으면 화친하는 것이고, 화친을 주장

흥선대원군

하는 것은 나라를 파는 것이다. 우리 만년 자손에게 경계한다. 병인년 짓고 신미년 세우다.

서재필은 1930년대 『신한민보』에 연재한 「한국에서의 나의 날들」에서 어린 시절의 정치 상황을 이렇게 기억하고 있다.

이 시기에 내가 살던 주변은 왕의 친척들이 벌이는 정치적 음모의 중심지였다. 나는 정권을 좌우하고자 했던 대원군과 민비 일파의 온갖 정치적 계략과 음모를 듣고 자랐다. 10년 간 대원군은 아들인 왕의 섭정자로 행동했고 그의 통치 아래에서 조선은 안정되고 상당한 공적 업적을 성취하였다. 하지만 그는 외국 열강들의 모든 선진문물을 단호하게 물리친 고립주의자들의 제왕일 뿐이었다. 왕의 나이가 차자 왕은 아버지로부터 권력을 빼앗았다. 그리고 그 권력을 이제는 지배적 인물이 된 왕비에게 주었다. 민비의 겉모습은 외국국가들에게 친절했지만 속은 대원군 만큼이나 외국사상과 관습들에 적대적이었다. 더욱이 그녀는 자신의 목표를 달성하는 데 파렴치했고 반대자들에게는 가차없었다. 그녀의 통치 아래에서 조선은 악화되었고 빈곤과 억압은 국민들을 희망 없고 도울 길 없는 혼수상태로 몰아넣었다.

서재필은 7살 때였던 1871년 무렵 충청남도 대덕군에 살던 7촌 당숙 서광하徐光夏의 양자로 들어갔다. 어린 나이에 친부모의 품을 떠난 것이다. 당시 아들이 없는 친척집에 양자로 들어가는 것은 흔한 일이었지만, 서재필에게는 큰 상처가 되었을 것이다. 그가 평생 독립성이 강했던 것도 이런 어렸을 때의 경험 때문이었는지 모른다. 양부 서광하의 부인은 김온순金蘊淳의 딸이었는데, 김온순은 세도가 당당했던 안동김씨의 후예로 고종년간에 청주목사·공조판서를 역임하였고, 그의 아들 김성근金聲根도 1862년 문과에 합격한 뒤 도승지·전라도관찰사·이조판서·예조판서 등을 두루 지낸 인물이었다.

과거시험 준비와 합격

서재필은 입양된 지 얼마 되지 않아 양어머니의 권유로 서울에 있는 외삼촌 김성근의 집에 보내져 공부하게 되었다. 당시 양반자제들의 공부는 대부분 과거시험 준비를 위한 것으로, 과거시험에 합격하여 관리가 되어 가문을 빛내는 것이 그들의 목표였기 때문이다.

서재필이 서울에 와서 서당에서 공부를 하던 무렵인 1873년 11월에 고종이 친정을 선포하여 대원군이 물러나고, 민왕후의 척족인 민씨일파가 세도를 잡았다. 대외정책에서도 쇄국정책을 포기하고 조심스럽게 문호개방을 모색했다.

한편 일본은 서구에 문호를 개방한 후 막부파와 존황파 간의 내전이 일어나 존황파의 승리로 1868년 초 메이지유신明治維新을 일으켜 대대적인 개혁을 단행하였다. 제정일치의 천황제를 추구하면서도 부국강병을 위하여 과감하게 서구의 문물을 받아들였다. 그리고 서구의 침략을 모

운요호

방하여 힘이 약한 이웃나라를 침략하려는 계략을 세웠다. 1873년 무렵에 정한론征韓論이 일어났고, 1975년 8에는 운요호사건雲揚號事件을 일으켜, 결국 이듬해 2월 불평등조약인 조일수호조규를 맺음으로써 조선을 개항시켜 대륙침략의 교두보를 마련하였다.

서재필은 후에 이 시기를 이렇게 서술한다.

한국인들이 부패한 정부 치하에서 고통에 빠져 있고 은둔의 땅에서 무지의 천국을 여전히 꿈꾸고 있을 때 서구국가들의 삶에는 새로운 발명과 발견, 증기력과 전력을 이용함으로써 거대한 혁명적 변화가 일어났다. 농민들은 산업 노동자로 전환되었고 생활필수품 생산에서 기계는 인력을 대체했다. 증기선으로 거리를 단축시켰고 세계의 모든 지역으로 활동영역을 확산시켰다. 중국과 일본은 처음으로 서구 침투의 영향을 감지했지만 한국은 홀로 은둔 생활을 벗어나지 못했다. 일본은 최초로 한국의 문호를 열었고, 곧이어 미국과 유럽이 뒤따랐다. 그 국가들은 모두 한국을 독립주권국가로 인식했고 한반도에 드리워진 중국의 종주권을 완전히 무시했다. 한국에게는 그것을 활용하여 강력한 진보적 자치국가로 발전할 수 있는 절호의

서광범

기회였다. 당시 중국은 자신의 권리를 주장하기에는 너무도 약했고 일본은 한국과 중국 모두와 싸울 준비가 되어 있지 않았다.

개항 후 조선정부도 개화를 지향하였으나, 위정척사파라고 하는 보수적 유생들의 반발로 혼란이 가중되고 있었다. 서재필은 이런 혼란 중에서 근대화를 추구하던 개화파인 김옥균金玉均·서광범徐光範 등과 사귀면서 과거시험을 준비하였다. 그의 나이 18세이던 1882년 봄, 과거에 합격하여 1882년 6월에는 가주서假注書를 맡았다. 1883년 5월 그가 일본유학을 떠날 무렵에는 교서관 부정자副正字를 맡고 있으며, 일본유학을 마치고 돌아와서는 1884년 8월 새로 설립된 부서인 조련국操鍊局 사관장士官長에 임명되었다.

02 개화파와 사귀며 일본에 유학하다

김옥균과 만남

쇄국정책을 굳게 고집하던 조선에 개화파가 형성된 것은 1870년대 후반이었다. 실학파 연암 박지원의 손자인 박규수가 1874년 6월 우의정을 사임한 후, 서울 북촌의 영특한 양반 자제들을 자신의 사랑채에 모

김옥균

아 『이언易言』·『해국도지』·『연암집』 등을 읽히면서 국내외 정세를 논의하게 했다. 박규수는 1861년과 1872년에 중국 베이징에 사신으로 두 번이나 다녀오면서 중국에서 한문으로 번역된 서양서적들을 다수 구입해 왔다. 두 번째 사신으로 갔을 때는 자신을 수행하였던 한어 역관 오경석吳慶錫과 그의 친구 유홍기劉鴻基 등과도 신분을 초월한 교제를 하면서 개

화사상을 품게 되었다.

통역관인 오경석은 중국에 가는 사신을 따라 중
국에 자주 왕래하면서 중국에서 세계 각국의 상황
을 보고 듣고, 돌아올 때는 각종 새로운 책들을 구
입해 와서 탐독하였다. 그리고 친구인 유홍기에게
주어 연구하게 했다. 유홍기도 역관 집안의 출신의
한의사로 학식과 인격이 탁월하였다. 이들은 세계
정세와 자국의 형편을 논하면서 일대혁신을 일으
키지 않으면 나라가 위험하다는 데 의견을 같이했

박규수

다. 어느 날 유홍기가 오경석에게 물었다.

"우리나라의 개혁을 어떻게 하면 이룰 수 있을까?"

오경석은 대답했다.

"먼저 동지를 북촌의 양반 자제 중에서 구하여 혁신의 기운을 일으켜
야 하네."

박규수는 1877년 그가 세상을 떠날 때까지 그들과 합력하여 발탁한
양반 자제들을 교육하였는데, 이때 발탁된 양반 자제들로는 김윤식·박
영교·김옥균 등 20세 전후의 청년들과 이들보다 약간 나이가 어린 홍
영식洪英植·서광범·박영효朴泳孝 등이 있었다. 이들은 1870년대 후반에
근대적 개혁을 추구하는 개화파를 형성하였다. 서재필은 나이가 어렸으
므로 처음부터 이들 그룹에 끼지는 못하였으나, 이들과 가까이 지내면
서 자연스럽게 개화사상을 품게 되었다.

젊은 개화파의 지도자는 단연 김옥균이었다. 그는 서재필보다 13살

박영호

이동인

이나 나이가 많았지만, 서재필을 친동생처럼 대하고 동지로 여겼다. 서재필도 김옥균을 존경하고 따랐다. 이처럼 서재필이 김옥균을 따랐던 이유는 둘 다 양반 자제로서 어려서 친부모를 떠나 양자로 들어갔던 처지가 비슷하였고, 개혁적인 성향도 같았기 때문이었다. 그러나 그보다 더 큰 이유는 김옥균의 인격적인 감화에 있었다. 서재필은 김옥균을 '대인격자였고, 또 처음부터 끝까지 진정한 애국자였다.'고 평가했다.

"누구누구 하여도 나에게 제일 강한 인상을 끼친 이는 김옥균이었다. 그의 글과 평론은 물론이고 악기에 이르기까지 통하지 않은데 없는 그 높은 재기는 나를 사로잡지 않고는 마지아니하였다. 나는 그에게 십여 년 연하이었으므로 그는 나를 늘 동생이라고 하였다. ……그는 조국이 청국의 종주권 하에 있는 굴욕감을 참지 못하여 어찌하면 이 치욕을 벗어나 조선도 세계 각국 속의 평등하고 자유로운 일원이 될까 하여 밤낮으로 노심초사했던 것이다.

그는 현대적 교육을 받지 못했으나 시대의 흐름을 통찰하고 조선을 힘 있는 현대적 국가로 만들려고 절실히 바랐다. 그리하여 신지식을 주입하고 신기술을 채용함으로써 정부나 일반 사회의 구투인습舊套因襲을 일변시켜야 할 필요를 확실히 느꼈다. 그는 구미의 문명이 일조일석에 이루어진 것이 아니고, 열국들이 수백 년 동안 경쟁적으로 노력을 계속한 결과로 이루어진 것인데, 일본은 한 세대 동안에 그것을 달성한 것으로 생각했다. 그리하여 그는 자연히 일본을 모델로 택하여 백방으로 노력한 것이다."

어느 봄날 김옥균은 서재필을 비롯한 개화파 동지들을 서울 교외에 있는 봉원사라는 절에 모이게 했다. 서재필은 그날을 이렇게 회고했다.

어느 해라고 정확히 기억할 수 없으나 어떤 봄날, 김옥균은 나에게 몇몇 친구들과 봉원사에서 만나자고 했다. 그러겠노라고 하고 절에 가보니 유식해 보이는 불교 승려 하나가 내 동료들 가운데 앉아서 김옥균이 묻는 질문에 대답하고 있었다. 그는 이동인 스님으로 일본을 방문한 바가 있었는데 그의 일본에 관한 이야기와 일본책을 통해서 알게 된 서양에 관한 이야기는 나를 도취시키고 말았다. 그는 일본과 서양의 도시 · 선박 · 기차 등의 사진을 보여주었다. 사진들을 보며 우리는 그 화려함과 '요지경'에 놀라서 입을 다물지 못했다. 그는 또 우리에게 성냥을 보여주었다. 우리는 모두 번갈아 가면서 성냥불을 켜 보았다. 성냥을 성냥각의 거칠 거칠한 쪽에 문질러서 불꽃이 일어나게 하는 것을 봤을 때, 우리는 어린 아이들처럼 좋아서 소리쳤다. 또 그는 서양세계사라는 일본책을 갖고 있었다. 그 책은 일본말로 쓰여 있으나 저자가 한문을 많이 섞어 쓴 까닭에 우리도 꽤 많이 이해할 수 있었다. 우리들은 일본이 얼마나 빠른 속도로 근대화하고 있는 지에 대하여 다만 아연할 따름이었다. 불과 20년 사이에 그들은 서양 문물을 받아들임으로써 부강국이 되었던 것이다.

김옥균의 부탁을 받은 이동인은 그 후에도 더 많은 책을 일본에서 구해 왔다. 그들은 기회만 있으면 이곳저곳에서 모여서 이 책들을 탐독하여 세계정세를 공부했다. 이 책들은 서양 강대국들의 역사·지리·사회 관습 및 정부에 관한 것들로 일본어로 되어 있었지만, 한자가 대부분이어서 그 내용을 대략 이해할 수 있었다. 여기에는 그런 일이 언제쯤인지 밝혀 적지 않았으나, 박영효와 김옥균이 이동인을 일본에 보낸 것이 1879년 9월이고, 이동인이 실종된 것이 1881년 3월이므로, 그 사이에 일어난 일이었음에 틀림없다. 그렇다면 서재필의 개화파와 사귐은 1882년, 그가 과거에 합격하기 이전부터 이루어졌던 것이다.

임오군란과 청국의 속국화 정책

1882년 7월에 일어난 임오군란은 개항 후 일본 세력의 침투와 구식군대에 대한 정부의 차별대우에서 촉발되었다. 정부는 1881년 4월 군제개혁으로 신식군대 양성을 위해 별기군을 창설하였고, 같은 해 12월에는 종래의 5군영을 2군영으로 축소·개편하였다. 별기군은 일본인 교관을 두고 훈련시키며 특별대우를 하였지만, 구식군대는 봉록미도 제대로 지급받지 못해 불만이 많았다. 그러다가 1882년 7월 수개월 밀린 봉록미를 지급하였는데 그마저 겨와 모래가 섞여 있었다. 이에 격분한 구식군인들이 수령을 거부하고 항의하자 선혜청 당상 겸 병조판서 민겸호가이들을 처벌하려고 잡아들였다. 구훈련도감 군인들이 이들을 구하고자민겸호 집을 파괴하고, 재기의 기회를 노리고 있던 대원군을 찾아가 이 사실을 진정했다. 그 후 구식군대는 무기고를 습격하여 병기를 탈취하고 별기군 일본인 교관을 살해하고 일본공사관을 습격하였다.

민비는 피신하였고 고종은 이 사태를 진정시키기위해 대원군을 궁에 불러들여 그에게 전권을 위임하였다. 이렇게 다시 집권한 대원군은 구식군대의 요구를 받아들여 별기군을 폐지하고 5군영을 부활시켰다. 개화정책을 담당했던 통리기무아문도 폐지하였다.

그러나 청나라에 파송되어 있던 영선사 김윤식의 요청으로 청나라가 3,000명의 군대를 파견하였고, 군란의 책임자로 대원군을 납치하여 청나라로 데려갔다. 청나라는 이 사건을 계기로 조선에 대한 종주권을 주장하면서 적극적인 속국화 정책을 추진하였다. 우장칭吳章慶과 위안스카이袁世凱가 지휘하는 청군을 서울에 상주시켜 군사력을 통제하고, 마젠쭝馬建忠과 독일인 묄렌도르프 등 30여 명의 정치 외·고문을 보내 조선의 내정과 외교를 적극적으로 간섭하였다. 그리고 그해에 맺은 조청수륙장정에 청나라가 종주국임을 명시하였다.

청나라의 도움으로 다시 정권을 잡은 민비와 민씨척족들도 이 무렵부터 청에 전적으로 의지하는 친청수구파로 변하였다. 이러한 상황은 개화된 자주 독립국가의 건설을 꿈꾸던 김옥균을 비롯한 청년 개화파들을 자극하여 직접적인 행동에 나서게 했다.

임오군란 후 일본은 거류민 보호 구실로 군함 4척과 육군 1개 대대를 파송하여 피해배상을 요구하고, 제물포조약을 맺었다. 그리고 이 조약에 따라 1882년 9월 박영효를 정사로, 서광범을 종사관으로 하는 수신사를 일본에 파견하고, 김옥균과 민영익 등도 고문으로 수행하였다. 한창 서구화를 추진 중인 일본에 이 수신사의 일행으로 청년 개화파들이 대거 방문한 것이다. 이들은 2달 동안 일본의 근대적 시설을 돌아보고, 일본의 정치가들과도 교류하면서 근대적 개혁에 대해서 의견을 나누고 돌아왔다. 김옥균은 이 기간에 요코하마 정금은행에서 17만 엔을 빌려 5만 엔은 일본에 대한 배상금 제1차 지불금으로 쓰고, 나머지는 유학생 파견비로 충당하였다.

일본유학

서재필이 과거에 합격하여 하급 관리로 있던 1883년 봄 어느 날 김옥균이 서재필을 찾아와 말했다.

"우리나라의 국방을 튼튼히 하자면 훈련이 잘 된 군대밖에 없네. 자네도 알다시피 현재 우리가 시급히 힘써야 할 일에 이보다 더 급한 일이 어디 있겠는가? 나는 자네가 일본에 건너가서 군사학을 배우고 와서 신식군대를 양성했으면 하는데 어떤가. 같이 유학할 동지들을 모아보게."

서재필은 김옥균의 제안에 흔쾌히 그러겠다고 승낙했다. 얼마 후 서재필은 그가 모은 16명의 유학생과 함께 귀국하는 일본인 통역의 안내를 따라 1883년 5월 20일 도쿄東京에 도착했다. 이들을 우선 6개월 동안 김옥균이 미리 교섭한 대로 후쿠자와 유키치福澤諭吉가 경영하는 게이오의숙慶應義塾에 들어가 일본어를 배웠다. 그리고 일본어가 어느 정도 익숙해지자 같은 해 11월 일행 중 서재필을 포함한 14명이 도쿄에 있는 육군 도야마戸山학교에 들어갔다. 도야마학교는 일본 육군의 하사관 양성을 위한 군사교육기관이었다.

서재필이 도쿄 도야마학교에 다닐 때 김옥균도 일본 정부에서 차관을 얻기 위해서 도쿄 치쿠지築地에 머물고 있었다. 서재필과 사관학교 동지들은 매주 일요일마다 김옥균을 찾아갔다. 그때마다 김옥균은 그들을 친동생처럼 반기며 대접해 주고 마음에 품고 있는 조국 개혁에 대한 포부를 들려주었다.

"나는 자네들에 대한 기대가 크네. 자네들이 열심히 배우고 훈련하여 귀국하면, 우리나라를 위해 해야 할 일이 많을 걸세. 자네들이 귀국해서 우리나라가 세계열강과 어깨를 나란히 하는 새로운 나라를 이루도록 빛나는 큰 공을 세우리라고 믿어 의심치 않네. 자네들도 보고 알다시피 일본이 동방의 영국 노릇을 하려고 하니, 우리는 우리나라를 아시아의 프랑스로 만들어야만 하네. 이것이 내 꿈이고 내 야심이네."

또 이런 탄식을 하기도 했다.

"서양 여러 나라들은 모두가 독립국가들이네. 독립국이 된 후에야 친해질 수 있는 법이네. 그런데 우리나라만 홀로 중국의 속국이니 참으로 부끄러운 일이네. 우리나라는 언제나 독립하여 서양의 여러 나라들과 동등한 위치에 설 수 있을까."

서재필이 도야마학교에 다닐 때의 일이다. 그가 교련을 받던 중, 일본 교관이 명령한 대로 따라하지 못하자 교관이 달려와서 질책했다.

"아직 준비 중이오."

서재필이 대답하자, 교관이 주먹을 쥐고 때리려고 하였다. 그러나 서재필이 먼저 교관을 쳐서 한 주먹에 쓰러뜨렸다. 그런 일이 있은 후로 그 교관은 서재필 뿐만 아니라 한국인 유학생들에게 공손하고 친절해졌다. 아무리 배우는 위치에 있더라도 그만한 일로 일본인 교관에게 모독을 당하거나 눌리고 싶지 않았던 것이다. 그는 후일에 이 일을 회고하면서 이렇게 말했다.

"일본에는 주먹이 제일이요. 민족 간의 싸움이란 것은 마치 닭싸움 같아서 제가 약하다고 겁을 집어먹고 달아나는 닭에게는 강한 닭이 언제든지 더 작고 힘없는 닭에게 달려들어 못 견디게 구는 법이요. 우리는 싸움에 이긴 닭과 같이 1타一打, 2타, 3타, 4타로 일본을 내려 눌러야 하오. 누르며 자신을 가지고 살아가야 하오."

이 사건은 작은 사건이었지만, 서재필은 민족적 대결로 생각했던 것이다.

서재필의 일본 유학생활은 그리 길지 못했다. 정부의 유학자금이 동이 났기 때문이다. 김옥균이 일본에서 300만 엔 차관을 얻으려 힘써 보았지만, 헛수고였다. 마침내 정부는 1884년 7월에 서재필 등 일본 유학생들을 모두 소환하였다.

서재필은 후에 이러한 개화파의 개혁운동과 자신의 일본 유학에 대하여 다음과 같이 회고하고 있다.

이 무렵에는 사회적인 지적 수준이 평균보다 높은 한국청년집단이 있었는데, 그들은 외국에 관심을 갖게 되었고 여러 해외 지역에서 수입된 이용할 수 있는 모든 책들과 문헌들을 침착하게 공부했다. 후일 그들은 개화파(진보당)라 불린 집단을 형성했다. 한국 관리들을 가르친 개화파의

갑신정변의 주역, 좌로부터 박영효·서광범·서재필·김옥균

지도자는 김옥균이었고 박영효, 서광범, 홍영식 등이 그 동료들이었다.

이 집단의 목표는 다음과 같았다. 과세, 사법, 교육에서의 정부 행정 개혁과 자질에 따른 관리 선발, 편파주의 및 미신적 관행에 사용되는 정부 예산 낭비의 제거, 계급적 차별 철폐, 부패 및 죄목을 날조하여 사람들로부터 뇌물을 수취하고 금전을 갈취하는 행위에 맞선 옛 법률의 엄격한 집행, 다른 목표들로는 다음과 같은 것이 포함되었다. 근대 학문과 과학을 익히기 위해 총명하고 전도유망한 다수의 청년들을 외국에 보내는 것, 상이한 정부 부서들에 외국인 자문 및 고문을 고용하는 것, 도시와 촌락의 위생을 개선하는 것, 국민들이 번영하고 산업화 될 수 있도록 격려하고 정부가 국민의 권리를 존중하는 것, 법과 질서의 수호를 위해 훈련된 경찰력을 확립하는 것, 국방을 위해 근대 군대를 조직하는 것. 이러한 목표들을 달성하기 위해서 개화파는 자주 만나면서 할 수 있는 최선의 방법에 관해 서로 조언했다.

개화파의 첫 번째 계획은 왕족, 특히 그 당시 한국에서 가장 강력한 인물이었던 왕비가 자신들을 받아들이도록 만들어 왕실을 보호하고 국민의 조건과 국가의 안전을 개선한다는 자신들의 목표가 지닌 건강성을 그들에게 불어넣는 것이었다.

김옥균은 상당한 설득력을 지닌 현명한 인물이었다. 그는 왕비와 매우 친밀해지게 되었고 적어도 개화파의 계획을 수행하는 것에 대해 왕비의 동의를 얻어냈다. 정부 개혁안 가운데 왕비가 마음에 들어 하지 않았던 부분은 그녀의 권한을 대폭 축소하는 것이었다. 그러나 그녀의 승인으로 약 50명의 청년들이 선발되어 일본으로 유학 보냈고 나도 그 가운데 한 사람이었다. 우리 중 열 명은 도야마학교라고 알려진 일본 군사학교에 입학하여 약 3년(1년 2개월) 동안 수학했다. 우리가 졸업 후 귀국하면, 군사학교를 설립할 수 있으리라 생각했다.

03 청년 장교로서 갑신정변에 참여하다

개화파와 수구파의 대립

서재필 일행은 정부의 소환을 받고 1884년 7월에 귀국했다. 서울의 정계는 그가 일본으로 떠나기 전보다 훨씬 더 험악해져 있었다. 더욱이 친청親淸적인 관료들은 일본에서 유학하고 돌아온 서재필 일행을 의심의 눈초리로 바라보고, 적대시 했다.

그러나 고종은 그들을 궁궐로 불러들여 반기며, 자기 앞에서 배워 온 교련 시범을 보이게 했다. 새로운 군복을 입고 총검을 맨 사관생도들이 서재필의 지휘에 따라 유연체조와 다른 훈련의 시범을 보였다. 고종은 매우 만족하며 이들을 위해서 새로운 사관학교를 만들라는 지시를 내렸다. 다음 달인 1884년 8월에는 서재필을 사관학교 설립 준비단계로 새로 설립된 부서인 조련국操鍊局의 사관장士官長에 임명하였다. 그러나 민비와 친청수구파의 반대로 사관학교의 설립은 실현되지 않았다. 그들은 임오군란의 위기에서 구해준 청나라의 조선 속국화 정책에 적극 협력했기 때문에, 자주독립을 추구하는 개화파와 사사건건 대립하고 있었다.

그러므로 자주독립을 추구하던 김옥균을 비롯한 개화파의 입지는 더욱 좁아질 수밖에 없었다. 더욱이 민비와 친청수구파가 정권을 다시 장악하면서 개화파 동지들이 정권의 중앙에서 밀려 지방으로 좌천되었다. 임오군란의 수습을 위해 1882년 9월 일본에 수신사로 다녀온 박영효는 한성부 판윤을 맡고 한성부부터 개혁을 단행하였다. 한성부 안에 신문국을 설치하여 신문발간을 준비하고, 순경부와 치도국을 설치하여 경찰제도와 도로 정비를 하고자 하였던 것이다. 그러나 그는 1883년 3월 광주유수廣州留守로 좌천되고 말았다.

김옥균이 언제부터 정변을 준비하였는지 정확한 시기는 알 수 없다. 아마도 1883년 6월 300만 엔 차관을 얻기 위해 일본에 건너가 있던 때부터 일 것으로 추측된다. 그 때 일본에서 정변에 필요한 화약을 구입하였다. 또 일본의 어느 정치가에게 보낸 '개혁의견서'에서는 조선의 개혁 방법에 국왕의 비밀 칙령을 받아 평화적으로 개혁하는 안과 과감하게 개혁을 강행하는 안이 있는데, 자신은 과감한 개혁 강행안을 지지한다고 밝히고 있다. 이미 그는 이때부터 국왕을 끼고, 일본을 끌어들여 정변을 일으킬 생각을 가지고 있었다. 김옥균이 구상한 개혁은 일본의 메이지유신 같은 '위로부터의 개혁'이었다. 그는 당시의 정세를 보고 정변에 의한 개혁 방법밖에 없다고 생각했다.

하지만 3,000명이나 되는 청국 군인이 조선에 주둔하는 상황에서는 정변을 일으키더라도 실패할 것이 불 보듯 뻔했다. 그런데 마침 베트남 침략과 관련하여 프랑스와 청나라 사이에 갈등이 생겨 1884년 6월 양

묄렌도르프

국 사이에 전쟁이 일어났다. 이로 인해 청군의 절반은 우장충의 인솔 하에 본국으로 철수하였다.

김옥균이 정변을 결심하게 된 결정적인 계기는 친청수구파 및 묄렌도르프와의 대립이었다. 김옥균이 고종의 밀지를 얻어 일본에 개혁자금 300만 엔을 빌리러 갔을 때 묄렌도르프는 일본공사 다케조에와 결탁하여 이를 방해하였다. 또한 친청수구파는 국가의 재정궁핍을 해결하기 위해 묄렌도르프의 권고로 당오전을 주조하여 유통시켰는데, 오히려 이로 인해 물가가 올라가고 재정이 혼란에 빠졌다. 김옥균이 이것을 추궁하자 묄렌도르프는 친청수구파에게 그를 지목하여 제거할 것을 선동하였다.

"지금 조선을 위해 제거해야 할 해독은 당오전이 아니다. 우선 속히 김옥균을 제거해야 한다. 모든 일에서 군주를 속이고 여러분에게 해를 끼치는 것은 김옥균뿐이다. 여러분은 무슨 까닭으로 해를 이루는 근본은 제거하려 하지 않고 그 말단을 고치려 하는가?"

김옥균이 먼저 정변을 일으키지 않으면 친청수구파에 의해서 제거될 수 있는 위기에 몰려 있었다.

김옥균이 서재필을 비롯한 도야마학교 유학생들을 매주 자신의 집에 초청해서 대접하고 격려했던 것도 정변을 위한 준비의 일환이었다고 할 수 있다. 김옥균은 서재필에게 이렇게 당부했다.

"우선 자네는 도야마학교 출신 동지들을 우리 편으로 단단히 묶어 놓기 바라네. 머지않아 있을 사대당파와의 최후 대결에서 자네들이 절대로 중요한 역할을 해야만 될 테니까. 또한 최선을 다해 새로운 사람들도 더 많이 뽑아 모집해두게. 상세한 내용은 후에 더 밝히겠네."

이 무렵 개화파의 개혁에 냉담하였던 일본대사관이 적극성을 보이기 시작했다. 개화파를 이용하여 청 세력을 쫓아내고 일본 세력을 확장하고자 했기 때문이다. 1884년 10월 30일 일시 일본에 돌아가 있던 다케조에 공사가 다시 건너와 개화파의 개혁에 적극 원조할 듯한 태도를 보였다. 김옥균은 그러한 그의 태도를 신임하지는 않았으나, 친청수구파를 타도하는 데 이용할 가치는 있다고 생각했다. 김옥균이 정변을 앞두고 개화파의 원로 유홍기를 문병 갔을 때, 유홍기가 물었다.

"일본공사가 귀임한 후 세상이 시끄럽고 대단히 술렁거리니 자네들도 대단히 위험하리라 생각되네. 지금 취해야 할 계책은 하루라도 빨리 일을 도모하는 것이지만, 일본 정부의 정략을 자네들이 잘 알고 있는가?"

김옥균은 이렇게 답했다.

"일본정부가 의도하는 바는 있는 듯 합니다만, 설사 그들의 원조가 없더라도 우리 생각으로는 사태가 절박한 것이 마치 배수진에 식량이 떨어진 것과 같아 마냥 일본정부의 거동을 기다릴 수는 없습니다. 마침 다케조에가 귀임한 뒤의 기색을 보면 지나치게 과격하여 우리에게 재난이 덮칠 것 같습니다. 그러므로 운을 하늘에 맡기고 일사보국의 결의로 단행할 셈이니, 선생님은 부디 안심하시고 건강에 유의해 주십시오."

김옥균이 일본공사 다케조에에게 정변 계획을 알리고 도움을 요청한

홍영식

민영익

것은 불과 정변 열흘 전인 11월 25일이었다. 이 자리에서 다케조에는 일본공사관 수비대 150명을 동원하여 국왕의 수비를 담당하고, 당분간 재정을 지원할 것을 약속했다.

개화파 동지인 홍영식은 일본에 수신사로 다녀온 후 1883년 근대적인 우편제도를 실시하기 위하여 우정국을 창설하고 그 총판을 맡고 있었다. 정변 거사일은 1884년 12월 4일 우정국 낙성식 축하연으로 잡았다. 이 자리에 수구파 요인들을 초청한 후 제거하려는 계획이었다. 정변의 목적은 첫째 비상수단으로 민영익 이하 사대당의 거두를 제거하고 청국의 간섭을 끊고 독립국의 체면을 바로 잡을 것, 둘째 궁중의 요괴들을 소탕하고 민비의 정치 간여를 금단할 것, 셋째 국왕에게 요청하여 견실한 책임 내각을 조직할 것이었다. 주동자 중의 한 사람인 박영효는 이렇게 말했다.

"대체로 목표는 이렇게 세웠으나 당시는 여론도 없고 정당도 없으며 병력도 없었다. 개혁을 단행하는 방법으로는 오직 사대당을 죽이고 국왕의 신변을 옹호하며 정령의 남발을 막는 외에 다른 길이 없었다. 그리하여 우리는 희생을 무릅쓰고 비상수단을 사용할 결심을 한 것이다."

마침내 거사일이 되었다. 우정국 낙성식 축하연에 초청된 사람은 미국 공사·영국공사·청국영사 등 각국 외교관들과 김홍집·민영익·이조연·한규직·민병석 등이었다. 홍영식·김옥균·박영효·서광범 등 개화파도 참석했다. 우정국 인근 민가의 방화를 기점으로 정변이 시작되었다. 김옥균을 비롯한 개화파는 국왕과 왕비가 있는 창덕궁으로 달려가 경비가 쉬운 경우궁으로 국왕의 거처를 옮기고, 서재필이 지휘하는 부대가 호위하게 했다. 150명의 일본군도 궁의 요소를 수비하게 했다. 그리고 왕명으로 민태호·민영목·조영하 등 친청수구파 대신들을 불러들여 처단하였다.

5일에는 새로운 내각을 구성하였고, 6일에는 정강을 발표하였다.

1. 대원군을 조속히 귀국시키고 청에 대한 조공허례를 폐지할 것
2. 문벌을 폐지하고 인민평등의 권리를 제정하여, 재능에 따라 인재를 등용할 것
3. 전국의 지조법을 개혁하여 간리奸吏를 근절하고, 궁민을 구제하며 국가재정을 충실하게 할 것
4. 내시부를 폐지하고 그중에 재능있는 자만을 등용할 것
5. 그동안 국가에 해를 끼친 탐관오리 중에 심한 자를 처벌할 것
6. 각도의 환자미還上米를 영구히 면제할 것
7. 규장각을 폐지할 것

8. 조속히 순사를 두어 도적을 방지할 것

9. 혜상공국을 혁파할 것

10. 그동안 유배 혹은 금고된 죄인을 다시 조사하여 석방할 것

11. 4영을 합하여 1영으로 하되, 영중^{營中}에서 장정을 선발하여 근위대를 조속히 설치하고, 육군대장은 왕세자로 할 것

12. 일체의 국가재정은 호조에서 관할케 하고 그 밖의 재무관청은 폐지할 것

13. 대신과 참찬은 날짜를 정하여 합문^{閤門} 내의 의정부에서 회의하고, 정령을 의정·공포할 것

14. 정부·6조 외에 일체 불필요한 관청과 관리는 혁파하되, 대신·참찬으로 하여금 이를 심의하여 품계토록 할 것

14개조 정강 안에는 청국에 대한 사대외교의 폐지, 봉건적 문벌제도의 타파, 탐관오리의 숙청, 국가 재정의 일원화, 경찰·군사 제도의 정비, 책임내각제 등 당시 정변 주역들의 근대적 개혁의지가 들어있다. 서재필은 갑신정변을 이렇게 회고했다.

쿠데타(갑신정변) 1884년 12월 4일 한국 최초의 우정국이 서울에 개설되었고 정부의 모든 고위 관리들이 참석한 공식 연회로 축하하기로 하였다. 개화파는 그 날이 자신들의 계획을 실행할 좋은 기회라고 생각하고 일본에서 공부한 여러 명의 학생들을 우정국 주변으로 보내 빈집에 불을 지르게 하였다. 동시에 여러 정의 권총을 발사함으로써 거대한 소요를

경성 우정국

만들어냈다.

　그것은 연회에 참석한 정부 지도자들이 불꽃이 터지는 광경을 한국의 풍습으로 생각하도록 하려는 것이었다. 현장에 처음 도착한 이들 중 민비의 조카이자 왕실 근위대 대장인 민영익은 학생들에게 칼로 공격받았고 격투 와중에 한쪽 귀가 잘려나갔다. 또 다른 장군은 치명적인 부상을 입었다. 이 소식은 순식간에 퍼져나갔다. 궁궐 안의 왕족을 포함해 성 안의 모든 사람들을 경악케 한 흉흉한 소문으로 도시 전체가 소동에 휩싸였다.

　김옥균이 지휘한 개화파는 궁궐로 들어가 왕을 알현했다. 김옥균은 왕에게 안전을 위하여 왕과 왕족이 궁궐 뒤편의 북한산 근처 은신처로 가는 것이 좋겠다고 얘기했다. 군중이 궁궐로 침입했을 때도 김옥균은 그 장소를 알지 못했다. 물론 왕과 왕비는 대경실색했지만 순순히 김옥균을 따라서 왕의 사촌인 이채민 왕자의 집 뒤편에 위치한 계동궁桂洞宮이라는 작은 별궁으로 갔다.

별궁에 도착하자마자 왕족은 현관으로 통하는 문이 하나밖에 없는 조그만 처소에 수용되었다. 그 문은 일본에서 군사훈련을 갓 수료한 두 학생에게 경비를 맡겼다. 개화파 지도자 가운데 한 사람의 허락이나 서명 없이는 누구도 왕족의 처소로 들어갈 수 없었다. 결국 왕과 그 일족은 변화된 상황에서 권고를 따를 수밖에 없었고, 악의에 찬 개혁가들의 포로가 되고 말았다.

개화파 정부 홍문관弘文館의 일원인 당대의 저명한 여러 학자들과 김옥균·박영효·서광범·홍영식·윤치호 및 내가 기억할 수 없는 여러 개화당 지도자들로 새로운 내각이 구성되었다.

왕은 홍문관과 내각 구성원들이 기초한 모든 법령에 기꺼이 서명하고자 했고 얌전한 아이처럼 온순했다. 왕과 왕비가 개혁파들의 통제 하에 있던 3일 동안 수많은 개혁 조치들이 국가의 법으로 반포되었다. 그러나 그 날 이후 우리는 그 조치들을 볼 수 없었다.

내가 새로운 법들을 전부 기억할 수는 없지만 가장 두드러진 것은 양반과 중인, 상민의 차이와 같은 국민들에 대한 계급적 차별의 폐지였다. 그 밖에도 법원과 군대, 세무서와 국고의 재조직, 후보자 자격시험을 통한 모든 정부 관직 임용, 전국 각지에 공립학교 설립, 공중위생과 도로, 빈민 주거 환경의 개선, 귀신 숭배 및 여타의 미신적 관행 금지, 상투 절단, 외국식 의복 착용, 국가 통화 안정, 노비제도의 폐지 등 수많은 조치들이 있었다.

물론 이러한 개혁 조치들은 바람직한 것이었다. 그러나 그러한 급진적이고 비현실적인 법들로 무지한 대중들을 일으킬 수 있는 때가 아니었다. 이 젊은 개화파는 올바른 사상을 가졌지만 국가 운영에 대한 지혜나 정치적 경험을 결여했다. 그들은 애국적이고 진보적이었지만 성급했다.

갑신정변의 실패

민비는 비밀리에 전 우의정 심순택을 통하여 청군의 출동을 요청하고, 창덕궁으로 환궁을 요구했다. 창덕궁은 계동궁보다 넓어서 수비하기가 더 어려웠지만 고종도 민비의 의견에 동조하여 창덕궁으로 옮기지 않을 수 없었다. 개화파가 일본인과 결탁하여 국왕과 왕비를 감금하고 주요 대신들을 살해했다는 소문이 장안에 퍼졌다. 개화파에 대한 반감과 반일감정이 일어나 사태는 점차 불리하게 되었다.

12월 6일 오후에 출동 요청을 받은 청군이 창덕궁으로 공격해 왔다. 수비를 약속했던 일본군은 약속을 어기고 철병하였고, 개화파 직계 100여 명의 군대가 힘써 저지했지만 청군을 막을 수 없었다. 홍영식·박영교와 7명의 사관생도가 죽음을 각오하고 국왕을 호위하였고, 김옥균·박영효·서광범·서재필 등은 일본군과 함께 인천으로 피신하였다. 결국 정변은 3일 천하로 실패하고 말았다.

서재필은 1934년『동아일보』에 기고한「회고 갑신정변」이라는 글에서 정변의 동기와 실패의 원인을 다음과 같이 이야기하고 있다.

"조선의 역사에서 정치적이나 사회적 '혁명'을 위한 혁명은 드물었다. 조선 500년간 중에 갑신년(1884) 12월의 정변 같은 예를 나는 다시 듣지 못하였다. 1392년 이태조李太祖와 913년의 왕씨의 혁명과 4~10세기 동안 삼국의 동족살육적 병화兵火가 끊이지 않았지만 그것은 일종의 정권쟁탈전이었고, 민중의 경제적·사회적 복리를 위한 것은 아니었다. 그런데 갑신정변도 다른 나라의 혁명과는 달라서 피압박민중의 봉기로 된 것이 아니고, 그 당시 특권계급의 몇몇 청년의 손으로 된 것이었다.

다만 1215년에 영국의 귀족들이 런니미드Runnymede에서 존 왕King John을 강박强迫하여 대헌장大憲章 마그나 카르타Magna Carta에 서명하게 한 것과 1867년 일본의 사쓰마薩摩·쵸오슈長州·토사土佐의 다이묘大名들이 최후의 쇼군將軍으로부터 왕후적王侯的 권력을 빼앗아서 번적봉환藩籍奉還을 하게 한 두 경우와 매우 흡사했다.

갑신년 조선의 개혁운동자들은 이러한 두 전례에서 영감을 받았던 것이다. 영국이나 일본과 조선 간의 차이는 앞의 두 경우는 성공한 것이고 조선은 실패한 것뿐이다. 그런데 이들이 실패한 근본원인은 첫째는 일반민중의 성원이 박약한 것이었고, 둘째는 남에게 의지하려 하였던 것이다."

"…… 하여간 그 계획은 뜻했던 대로 실현되어 3일간은 성공한 것같이 보였으나 위안스카이의 간섭으로 독립당의 삼일몽三日夢은 깨지고 말았다. 그 독립당 계획에는 부실한 것도 많았지만 무엇보다도 제일 큰 패배원인은 그 계획에 까닭도 모르고 반대하는 일반민중의 무지몰각無知沒覺이었다.

이제 우리가 특히 말해 둘 것은 그네(독립당)들의 목숨과 재산을 돌보지 않는 그 필사적 운동의 동기는 다른 것이 아니고 단순히 최고형型의 애국심뿐이었던 것이다. 그 실패는 그네들의 과오는 아니다. 당시의 나라 사정이 어찌할 수 없었던 것뿐이다. 나 개인으로 말하면 그 당시 활약한 사람의 하나로서 누구의 찬사를 받을 것도 없고 또 동시에 그 실패로 인하여 책을 들을 것도 없다. 나는 나라를 위해서는 생사를 돌아보지 않은 피 끓는 청년이었던 것이다. 끝으로 국내에 살아있는 1884년에 나와 동고同苦했던 벗들에게 나의 경의를 표하는 동시에 그네들의 여년이 행복스럽기를 바란다. 동서양을 막론하고 조직있고 훈련된 민중의 후원이 없이 다만 몇 개인의 선구자들만으로 성취된 혁명은 없는 것이다. 그리스도는 로마 사람에게 고난을 당했으나 로마 사람이 그를 미워한 것이 아니고 그를 미워한 것은 유대사람들이었다. 그의 동포가 그를 알지 못한 때문이었다."

서재필은 『신한민보』에 기고한 「내가 한국에서 보낸 세월」이라는 글에서도 자신을 포함한 '개화파들의 실수'를 다음과 같이 솔직하게 인정하고 있다.

"내 자신이 1884년 개화운동의 참가자 가운데 한 사람이지만 개인적인 편견 없이 현재 내가 가지고 있는 지식과 경험에 비추어 그 사건을 검토해보고자 한다.

급진적 변화가 요구되었다는 것과 위험한 일을 자발적으로 수행한 그 청년들을 움직이게 한 숭고한 동기에 대해서는 의문의 여지가 없었다. 그러나 그들이 범한 한 가지 중요한 실수는 그러한 급진적인 변화를 위해 충분한 준비를 하지 못했다는 것이다. 국민들은 개화파들이 이룩하려고 한 것을 이해하지 못했다. 따라서 개화파들은 자신들이 혜택을 가져다주려고 의도했던 대중들로부터 어떠한 동조나 지지도 얻지 못했다. 어떤 형태의 정부 아래에서든 국민의 지지 없이 혁명적 정부가 성공한 적은 없다.

한국민의 10%만이라도 개혁을 지지했다면 한국이 개혁되고 그 주권이 지켜졌을 것이다. 나는 소규모의 개화파들 집단 외부에 과연 우리 운동의 동기들에 대해 올바른 생각을 가졌던 사람이 있었는지가 의심스럽다.

개화파들은 국민의 지지를 받지 못했다는 것을 알았지만 결사적으로 일본대사관의 지지를 얻기 위해 노력했다. 이것은 두 가지 이유에서 또 하나의 실수였다. 첫째, 다케조에는 새로운 정부를 보호하기에 충분한 물리적 힘을 갖지 못했다. 둘째, 외국인에게 그러한 부탁을 하는 것은 지극히 어리석은 일이다. 개혁 정부가 살아남았더라면 일본은 의심의 여지없이 수구파 치하에서 중국이 미친 영향만큼이나 혐오스러운 것이었을 자신의 공헌에 대한 대가를 요구했을 것이다.

우리가 한국의 진보와 정치적 독립을 대표했기 때문에 일본인들이 우리에게 자신들이 우리와 함께 한다고 믿도록 한 것은 사실이다. 그러나 나중에 우리는 일본인들이 다른 민족 집단들과 교섭을 하면서 항상 진실을 말하는 것은 아니라는 것을 깨달았다.

러일전쟁 이후에 한국에 대한 일본의 조치들은 나로 하여금 일본인들이 자신들이 말하거나 약속했던 것에 대해서 진실되거나 진지한 면이

거의 없다는 생각을 갖게 했다. 그러한 이율배반적인 국가에 대해 어떤 믿음을 갖고 있다는 것은 바보짓이다. 1884년의 한국의 젊은 개화파들은 일본인들의 감언이설을 액면 그대로 받아들일 만큼 경험이 일천했고 순진했다. 이러한 실수 때문에 그들은 치명적인 대가를 치렀다."

04 일본을 거쳐 미국에 유학하다

일본에 망명

망명길에 오른 김옥균과 서재필 일행을 태운 배는 1884년 12월 13일 일본 나가사키長崎에 도착했다. 겨우 몸만 빠져나온 터라 아무런 대책이 없었다. 겨우 그달 말경에 도쿄에까지 갈 수 있었으나, 본국에서 일본정부에 역적의 송환을 요구하여 일본의 지인들도 그들을 모른 채 박대하였다. 더욱이 이 무렵부터 김옥균 일행을 암살할 목적으로 자객들까지 파견하였으나, 드러내 놓고 어떤 일을 할 수도 없었다.

"우리가 몇 번 죽을 뻔하고 도쿄에 도착했을 때, 우리 일행은 돈도 없고 숙소도 없고 친구도 없었다. 일본 사람들은 우리를 천대했고, 때로는 실제로 적대감을 가지고 대했다. 나는 몇 달 동안 일본에 있던 기간에 겪은 쓰라린 경험을 잊을 수가 없다. 나는 때로는 이틀 동안이나 굶고 지내야 했고, 때로는 유숙할 곳이 없기도 했다. 요코하마에 살던 한두 사람의 미국 사람들이 도와주지 않았더라면 굶어 죽었거나 얼어 죽

헨리 루미스(1883년 앞줄 가운데)

었을 것이다."

　여기서 요코하마에 살던 미국인 한두 사람이 도와주었다는 것은 미국성서공회 일본지부 총무로 그곳에서 활동하던 헨리 루미스Henry Loomis와 한국에 선교사로 나가는 길에 잠시 일본에 머물며 준비하던 미국 선교사들이었다. 김옥균과 루미스는 김옥균이 일본에 차관 교섭차 갔을 때 만나 이미 잘 아는 사이였다. 루미스는 1883년 9월 20일자 미국성서공회 본부 길맨E. W. Gilman 총무에게 보내는 편지에서 김옥균에 대해서 이렇게 말하고 있다.

　"현재 도쿄에는 일본에서 한국 정부 일을 책임지고 있는 한국인 양반이 있습니다. 그는 대단한 정열과 능력을 지닌 인물입니다. 그가 돌보는 학생은 30명이 넘는데, 이들은 일본에서 여러 분야의 교육을 받기 위해 파견된 자들입니다. 이들 모두는 앞으로의 지식 습득을 위한 기초로서 영어를 공부하려고 하며, 일본어도 동시에 배우고 있습니다. 그 양반의 이름은 김옥균입니다. …… 저는 그에게 한문 신약전서, 로스 역본 예수성교요한복음전서, 마틴의 천도소원을 선물했습니다. 그는 매우 고맙게 받았으며, 현재 그 책들을 읽고 있다고 합니다."

루미스는 성경을 한글로 번역하는 데 관심을 가지고 추진하고 있었으므로, 이들 망명객을 반가이 맞아주고 도움을 주었다. 그리고 1885년 1월 북장로교의 언더우드와 2월 북감리교의 아펜젤러·스크랜튼 등 선교사들이 일본에 와 있어서 이들 망명객들과 교제하며 한국어를 배웠다. 루미스는 김옥균에게 이수정이 번역한 마가복음을 개정을 하도록 부탁하여 1885년 6월 17일자 편지에서는 이를 완료했다고 보고했다.

"이수정이 번역한 마가복음을 기초로 김옥균이 개정을 완료한 사실을 말하게 되어 기쁩니다. 제가 아는 한 김옥균은 누구보다도 유능한 한국인입니다. 제 생각에는 그의 봉사는 큰 가치가 있을 것입니다. 이수정은 김옥균과 친하지 않지만, 김옥균과 같은 사람은 없다고 단호히 말했습니다. 당분간 김옥균이 본국으로 돌아갈 전망은 희박하므로 필요하면 그의 손을 더 빌릴 생각입니다. 그의 번역이 만족하다고 생각되면 그를 완전히 고용하도록 하겠습니다."

루미스와 김옥균의 이런 인연으로 하여 서재필은 루미스의 집에 들어가 살면서 그에게 한국어를 가르쳐주고 그로부터 영어를 배웠다. 그러나 언제까지나 일본에 그런 식으로 숨어 지낼 수는 없었다. 서재필은 서광범과 의논하여 미국으로 가서 공부를 더하기로 결정하고 김옥균을 비롯한 동지들에게 알렸다. 박영효도 같이 가겠다고 나섰다. 김옥균은 동지들이 미국에 가는 것은 찬성했지만, 자신은 일본에 남겠다고 했다. 이들은 이 무렵부터 여비를 마련하고, 루미스와 선교사들로부터 소개서를 받아 미국으로 떠날 준비를 하였다. 서재필 일행은 마침내 1885년 5월 26일 미국행 배를 탔다.

미국에서의 새로운 삶

서재필과 박영효·서광범 일행이 미국 샌프란시스코항에 도착한 것은 1885년 6월 11일이었다.

"우리는 아는 사람도 없고 돈도 없고 언어도 통하지 않으며 이 나라 풍습에도 익숙하지 못하였다. 이처럼 생소한 곳에서 우리는 온갖 고초를 맛보지 않을 수 없었다. 이곳에서는 귀족이던 박영효 씨나 바로 1년 전까지 워싱턴 우리 공관에서 참사관으로 근무하던 서광범 씨의 지위를 알아주는 이가 전혀 없었다. 그러니 아무 명목 없는 나인지라, 나 자신을 남이 몰라준다고 물론 낙심하지 아니하였다. 우리 세 사람은 태평양의 거친 파도에 밀려서 캘리포니아 해안에 표착한 쓰레기처럼 외롭고 가엾어 보이는 존재들이었다."(『동아일보』 1935년 1월 3일)

그들은 존슨이라는 한 과부의 집에 하숙방을 얻어 거주하면서 일본에 있을 때 선교사들이 써준 소개장을 가지고 도움을 줄만한 사람들을 찾아보았다. 그러나 그들은 하나같이 친절하기는 했지만, 아무도 그들을 적극적으로 도와주지는 않았다. 더욱이 그들은 자존심이 강한 사람들이라 구차하게 그들에게 도움을 요청할 생각도 하지 않았다. 얼마 가지 않아 가지고 있던 돈이 다 떨어져 사정이 다급해졌다.

여러 주일동안 말로 할 수 없는 마음의 고통과 물질의 궁핍을 겪다가 끝내 세 사람이 같이 지내기가 곤란하여 따로 떨어져 지내기로 결심하였다. 서광범은 조선에 제일 처음으로 파견된 장로교 선교사인 언더우드 목사 형의 도움으로 뉴욕으로 가게 되었고, 박영효는 어떤 일본인의 도움을 받아 일본으로 돌아갔다. 서재필 홀로 샌프란시스코에 떨어져 노동하며 공부하였다.

미국에서 살아가려면 일이 필요했다. 말이 통하지 않는 사람이 할 수 있는 일자리란 막노동 밖에 없었고, 박영효와 서광범은 양반이 막노동을 한다는 것은 있을 수 없는 일이라고 생각했다. 결국 서광범은 선교사 언더우드의 형인 사업가 존 언더우드에게 도움을 요청하는 편지를 보내, 그에게 오라는 답장을 받고 뉴욕으로 떠났다. 박영효도 아무도 몰라주는 미국 보다는 자신을 왕족으로 대우해주는 일본에 사는 편이 낫겠다고 생각하던 중, 마침 미국을 방문 중인 후쿠자와 유기치福澤諭吉의 조카를 만나 그에게 돈을 꾸어 일본으로 떠났다. 홀로 남겨진 서재필은 막막했지만, 막노동이라도 해서 이 역경을 헤쳐나가겠다는 각오를 단단히 하였다. 그러나 아무리 찾아보아도 일거리가 없었고, 샌프란시스코 바닷물에 빠져 죽을까도 생각했다. 그래도 다시 한 번 최선을 다해보기로 마음을 고쳐먹고 자신을 달랬다.

"그렇다, 나는 아직 젊고 건강하며 이성이 살아있다. 더구나 항상 나는 한 인생을 자기 마음대로 처분해 버릴 수는 없다고 믿어오지 않았던 가. 인간사회의 한 구성원으로서 한 인간의 생명이란 그 인간 자신 만큼 이나 중요한 사회의 생명이기도 한 것이다. 그러므로 나의 생명은 내 것 인 동시에 조선의 생명이다."

그는 날마다 일자리를 찾아다녔지만, 가는 곳마다 영어를 못한다고 말하면 면접은 끝나고 말았다. 그러던 어느 날 한 가구점에 들어갔을 때 영어를 하느냐고 질문을 받자, 팔에 근육을 움켜쥐고 단단히 생긴 다리 를 가리키면서 서투른 영어로 "영어는 잘 못하지만 힘은 세다."라고 대 답했다. 그 가구점 주인은 그의 용기를 높이 평가하고 많이 걸어 다닐 용의만 있다면 가구점의 광고지를 붙이는 일을 해보라고 했다. 서재필 은 열심히 그 일을 했다. 시내를 돌아다니며 집집마다 가구점 광고지를 돌리면 하루에 일당 2달러를 받았다. 얼마 후 서재필은 가구점 주인으 로부터 자기가 고용한 세 사람 중 당신이 최고라는 칭찬까지 들었다. 다 른 두 사람은 미국인이었는데, 이들은 하루 5마일 밖에 뛰지 못했지만 서재필은 하루에 10마일 이상을 뛰었던 것이다.

기독교로 개종

서재필은 선교사와 접촉도 하고 몇몇 기독교인들도 알고 있었지만 기독 교를 믿지 않았다. 기독교에 대해서 특별한 반감이 있는 것은 아니었지 만, 유교 교육을 받은 그에게 기독교는 낯설게 느껴졌기 때문이다. 그런 데 그에게 미국에서 일자리를 주고 영어공부를 할 수 있는 기회를 준 사람도 기독교인이었다. 그는 우선 영어를 배우기로 결심하고 기독청년회에서 경영하는 야간학교에 등록했다. 뿐만 아니라 일요일에는 교회에서 하는 성경공부·예배·기도회 등 집회마다 쫓아다녔다. 그리고 그가 항상 가지고 다니던 작은 영어사전을 통해서 매일 몇 개씩이라도 새로운 단어를 공부했다. 학교 수업도 빼먹지 않고, 교회 예배에도 빠지지 않아, 어느 정도 영어에 익숙해져 갔다. 특히 영어성경을 공부하고, 그 가운데 수많은 성경 구절들을 암송했다. 그러자 영어에도 자신감이 생겼다. 그러던 중에 자연스럽게 기독교 신앙을 받아들이게 되었다. 서재필을 가까이에서 모셨던 임창영林昌榮은 그가 기독교를 믿게 된 사실을 이렇게 이야기한다.

"서재필은 얼마 안 가서 영어 이상의 것을 배웠으니, 그것은 그 자신이 기독교를 받아들였던 것이다. 그에게는 예수 그리스도가 선지자들 말대로 하느님의 아들이기 때문이라는 이유보다는, 하느님이 이 세상에 육신으로 오셨다면 그렇게 사셨을 것과 같은 방식으로 예수가 사셨기 때문에 그를 신적인 존재로 생각했다. 또한 서재필이 예수를 존경한 것은 성경의 가르침 때문이 아니라, 여러 가지 애매한 점과 모순들이 있는데도 그 자신의 체험을 통해, 예수가 길이라는 사실을 확인했기 때문이다. 다시 말해서 하느님에 대한 그의 관념은 그의 인애사상, 그 자신은 물론 인간의 안녕과 복지를 도모하려는 그의 열망, 그리고 자기 힘만으로는 그 의무를 다 수행할 수 없다는 인식 등에서 생겨난 것이었다. 그런 의미에서 그는 언젠가 자신이 이 자연 세계를 초탈하고 그 무엇인가에 도달해보고 싶은 강력한 충동을 받고 교회로 나간 것이 바로 이런 이

유였다는 사실을 분명히 깨닫는다. 그리고 그가 죽느냐 사느냐의 갈림길에서 싸울 때, 자기 생명은 자기 이상의 것이라는 믿음으로 말미암아 자살을 단념했고, '나는 포도나무요 너희는 가지니, 저가 내 안에 내가 저 안에 있으면 이 사람은 과실을 많이 맺나니 ……'라고 한 예수의 가르침을 발견하고 기독교인으로서 새 생명을 맞이했던 것이다."

그의 신앙은 한말에 그가 조국에 다시 돌아와 1천여 명이 모인 정동교회의 집회에서 보여준 대로 '구세주 은택을 감사'하는 신앙이었으며, 하나님께 희망을 두는 신앙이었다.

홀렌백의 도움

서재필이 샌프란시스코에서 지낸지 1년여쯤 되었을 무렵, 열심히 교회를 다니자 그곳을 통하여 도움의 손길이 왔다. 그가 일본에서 만났던 바라 목사의 소개로, 자신이 출석하던 장로교회의 제임스 로버트James B. Roberts 장로를 알게 되었다. 그는 서재필을 식사에 초대했고, 펜실베이니아 주의 탄광 부호로 그곳에서 휴가를 즐기던 홀렌백John Wells Hollenback을 서재필에게 소개해주었다. 홀렌백은 로버트 장로에게 서재필의 이야기를 듣고, 그를 공부시켜 선교사로 조선에 내보낼 생각으로 그를 만나보기를 원했다.

홀렌백은 미국 동부 펜실베니아주의 유수한 부호이고 사업가이자, 자선가였고, 지방 유지였다. 그는 장로교 장로로서 주일학교를 운영했고, 그 지역 해리 힐맨 아카데미Harry Hillman Academy와 라파예트대학Lafayette

홀렌백

College의 이사를 맡는 등 교육에도 큰 관심을 가지고 있었다.

서재필은 홀렌백의 도움으로 1886년 9월 펜실베이니아 주 윌크스 베리Wilkes-Barre에 있는 해리 힐맨 아카데미에 들어가서 공부했다. 그가 그 학교 교장 댁에서 기숙하게 된 것도 큰 행운이었다. 교장 댁에는 은퇴한 법관인 교장의 장인이 같이 살고 있어 서재필에게 갖가지 경험담과 미국의 문화와 제도에 대해 자주 들려주었다. 서재필은 총명하고 노력형이기 때문에 학교 성적도 우수했다. 입학한 첫해가 끝나는 1887년 6월에는 우등생이 되었고, 수학과 그리스어·라틴어에 장려상을 받았다. 연설도 잘하여 1888년 6월에는 레노니아클럽 연설회에서 2등으로 뽑혀 10달러의 상금까지 받았다.

그는 학교에 입학할 때부터 홀렌백과 그 학교 교장에게서 미국에 귀화하라는 권유를 받았으나, 그것이 조선을 배신하는 행위처럼 느껴져 결정을 미루었다. 그러나 공부를 마치고 언젠가 조국에 돌아가 봉사하려면 미국시민권을 가지고 활동하는 편이 안전하고 효과적 일 것이라는 판단에 따라 1888년 6월 19일 미국시민으로 귀화했다.

그는 4년제 중고등학교의 학과를 3년 만에 모두 마치고, 1889년 6월 우수한 성적으로 졸업했다. 졸업 때는 고별연설자로 뽑히기도 했다. 그해 서재필은 대학 입학시험에 합격해 라파예트대학에서 입학 허가 통지를 받았다.

해리 힐맨 아카데미

1889년 6월 서재필이 해리 힐맨 아카데미를 졸업할 무렵 홀렌백이
그를 불렀다. 서재필의 졸업 후 진로를 상담하기 위해서였다. 홀렌백은
서재필이 라파예트대학과 프린스턴신학대학을 졸업하고, 목사가 되어
한국에 선교사로 나가기를 원했다. 그렇게만 한다면, 서재필의 대학과
신학대학의 학비도 계속해서 지원하겠다고 제안했다. 홀렌백은 서재필
에게 대학을 졸업하고 신학을 공부해 목사가 되어 조선에 선교사로 가
겠다는 서약서를 쓰라고 요구했다. 그러지 않으면 더 이상 그를 도울 수
없다고 말했다. 그러나 서재필은 자신이 예수를 신봉했지만 목사가 되
라는 부름을 받았다고는 생각해본 일이 없었으며, 홀렌백의 제의에 동

의하더라도 7년 뒤에 자신이 선교사가 되기를 원할지, 또 조선으로 귀국할 수 있을지 모든 것이 불확실하여 약속을 하는 것은 자신의 은인을 속이는 것이나 다름없다고 생각했다. 그는 양심상 서면 약속을 할 수 없어 정중히 그동안의 후의에 감사하며 거절하고 말았다.

고학으로 의사가 되다 05

미국 공무원 지원

홀렌백과 결별한 서재필은 다시 앞길이 막막했다. 그는 홀렌백이 재정적인 후원을 계속해 줄 것으로 생각하여 프린스턴대학이나 라파예트대학에 진학하려고 생각했던 것이다. 해리 힐맨 아카데미 시절 교장의 장인에게서 미국의 정치·법률·제도에 대한 이야기를 즐겨 들었기 때문에 대학에서도 법학을 전공하려고 했던 것 같다. 그러나 이제 새로운 길을 찾아야 했다. 그는 입학허가를 받은 라파예트 대학의 신입생 담당 교수였던 하트Edward Hart 교수를 찾아가 사정 이야기를 하고 상담했다. 하트 교수는 자기 집에 기숙하면서 집안일을 도와달라고 했다. 그럼 숙식문제가 해결되니, 여름 동안에 등록금을 벌어오라고 했다. 그는 입학금과 등록금을 벌기 위해서 펜실베니아 주에서 가장 큰 도시인 필라델피아로 갔다. 그러나 그곳도 막노동 자리밖에 없고 품삯도 일주일에 7달러밖에 되지 않았다. 그 정도로는 겨우 생계를 유지할 수 있을 뿐 목표

55

로 한 대학 등록금은 엄두도 못 냈다. 그곳에서 일자리를 구하지 못한 서재필은 워싱턴으로 갔다.

서재필이 워싱턴으로 가게 된 것은 그곳에 있는 스미소니언박물관 Smithsonian Institution 큐레이터 오티스 Mr. Otis 앞으로 보내는 데이비스 Davis 교수의 소개장을 가지고 있기 때문이었다. 데이비스 교수는 서재필이 해리 힐맨 아카데미 교장 집에 기숙하고 있을 때 그곳을 잠시 방문했던 워싱턴의 어느 대학교 영어교수였다. 그는 서재필의 딱한 사정을 듣고, 워싱턴에 있는 오티스를 만나보라고 소개장을 써 주었다. 서재필이 동양인이고, 재능이 뛰어나다는 것을 알고, 그곳에는 동양에서 온 물건들도 많으니 서재필 같은 사람이 필요할지 모른다는 것이었다. 그리고 클리블랜드 미국 대통령 개인비서로 있던 헨들리에게도 소개장을 써 주었다.

서재필이 워싱턴의 오티스를 찾아간 것은 1888년 가을 무렵이었다. 데이비스가 써준 소개장을 읽고 난 오티스는 박물관직원은 모두 미국 국회가 임명하기 때문에 국회의 허락 없이는 아무도 채용할 수 없다고 말했다. 하지만 박물관에 동양에서 온 예술품이 많으니 서재필이 그것을 설명할 수 있다면, 시간당 1달러를 받는 시간제로 고용할 수 있다고 제안했다. 서재필은 이 제안을 받아들이고 한 달 동안 일했다. 그의 일은 박물관에 있는 중국·일본·조선 등지에서 온 칼·쇠붙이·골동품 등을 감정하는 일이었다.

그곳에 있는 동안 서재필은 백악관을 찾아갔다. 그리고 대통령 개인비서 헨들리에게 데이비스 교수가 써준 소개장을 보였다.

"클리블랜드 대통령과 면담하고 싶습니다."

"젊은이, 무슨 일로 그러는가?"

"취직을 하고 싶습니다."

"젊은이, 미국대통령이 직업소개소를 하는 줄 아는가? 공무원이 되려면 공무원법에 의해 치르는 공무원 자격시험에 합격해야 한다네. 내가 공무원 자격심사위원장 앞으로 소개장을 써주지. 그를 찾아가 자세한 안내를 받게."

헨들리 비서관은 이렇게 말하고 나서 미국공무원 자격심사위원장인 오브라이언에게 소개장을 써주었다. 서재필은 그 길로 오브라이언을 찾아 갔다. 그도 친절한 사람이었다. 그는 서재필에게 미국 공무원 시험을 응시할 수 있는 기회를 주었다.

"일주일 후에 시험이 있으니 자네의 미국시민증을 가지고 오고, 자네의 품행이 단정하다는 것을 보증하는 미국시민 두세 사람의 추천서를 응시원서와 함께 제출하게."

서재필은 20여 명의 다른 응시자들과 함께 시험을 치렀다. 시험문제는 그리 어렵지 않았다. 시험결과를 알기 위해 일주일 후 오브라이언을 찾아갔다.

"시험 결과를 알아보기 위해서 왔습니다."

"유감스럽게도 자네는 불합격이네. 다음 기회에 다시 오게"

"불합격이라고요? 무언가 착오가 있는 것 같습니다. 다시 한 번 시험 답안을 확인해 주십시오."

"그러지, 이봐 웹스터, 이 젊은이의 시험 답안을 한 번 확인해 주게."

수석시험관 웹스터를 불러 서재필의 답안지를 조사해 보니 행정 착오가 있었다. 답안지에 첫 장 말고는 수험번호가 잘못 적혀 있었던 것이다. 서재필은 합격선인 75점을 훨씬 뛰어넘은 97점을 받았던 것이다.

"합격이군. 축하하네. 공무원 임명통고를 받을 때까지 집에서 대기하게."

그는 합격통지를 받고 뛸 듯이 기뻤다. 그러나 두 주일이 지나도 소식이 없었다. 답답해진 서재필은 다시 오브라이언을 찾아갔다.

"소식이 없어 언제쯤 임명장을 받게 되는지 알아보려고 왔습니다."

"모든 국가 공무원은 인구비례에 의해 각 주에 할당된다네. 그리고 인원이 한정되어 있어 결원이 생겨야 새로운 공무원을 임명할 수 있다네. 자네가 속한 필라델피아주도 인원이 다 차서 결원이 생길 때까지 기다려야 하네."

공무원 자격시험에만 합격하면 곧 바로 취직될 줄로 생각했던 서재필은 낙심천만이었다. 그래서 그는 다시 스미소니언박물관의 오티스를 찾아갔다. 오티스는 친절하게도 본인이 이곳저곳 알아 보겠다고 하며 격려해 주었다.

마침 오티스에게는 미육군 군의참모부 도서관 관장으로 있던 빌링스 박사Dr. John S. Billings라는 절친한 친구가 있었다. 오티스는 빌링스를 만나 혹시 정부 부처 가운데 중국과 일본에 대한 지식을 가진 사람을 쓸 만한 부처가 있느냐고 물었더니, 빌링스는 그러한 사람을 자기가 찾고 있던 중이라고 말하는 것이었다. 자기가 책임을 맡고 있는 도서관에 동양에서 온 수천 권의 의학 관련 서적과 잡지가 있는데, 이 글을 아는 사람이

미육군 군의참모부 도서관

없어 분류조차 못하고 있다는 것이다. 오티스는 적임자가 있으니 육군
장관에게 번역관이 필요하다고 요청하라고 일러주었다.

　며칠 후 서재필은 미국 특별공무원자격 심사위원장 사무실에서 일본
어와 중국어에 대한 특별채용시험을 보게 되었다. 시험은 일본어와 중
국어로 된 요한복음 15장과 누가복음 15장의 성경말씀 몇 구절을 영어
로 번역하는 것이었다. 이것은 서재필이 과거 샌프란시스코에서 영어를
배울 때부터 거의 외우다시피한 구절들이었다. 때문에 전혀 어려움 없
이 만점을 받고 시험에 통과했다. 마침내 일주일 만에 서재필은 의무감
실로부터 사서로 임용되어, 미육군 군의참모부 도서관Army Surgeon General
Library에 출근하라는 통지서를 받았다. 한국 출신으로는 최초의 미국공

무원 임명이었다.

　서재필은 이 모든 것을 하나님의 섭리요 은혜로 생각했다. 조선에서 과거시험을 위해 한문을 배우고, 일본에서 유학생의 한 사람으로 일본어를 배울 때, 이것이 미국에서 공무원 생활을 할 수 있도록 하는 준비과정이 되리라고는 생각도 못했다. 그리고 샌프란시스코에서 그가 충실히 영어를 공부한 것은 호구지책을 위한 것이었으며, 생전 알지 못하던 사람들의 소개를 통해 결국 월 100달러나 받는 미국정부 공무원이 된 것은 반드시 자신의 힘에 의한 것이었기 보다, 그의 형편을 불쌍히 여긴 하나님의 은혜가 아닐 수 없다고 생각했던 것이다.

　취직 후 처음에는 동양의학서들의 저자와 제목을 번역하는 일을 맡았다. 이후에는 중요한 의학서적들의 요점을 발췌하여 영문으로 번역하는 일을 했는데, 그러는 동안 의학에 대한 관심이 점차 커지게 되었다. 이제 돈 걱정이 없어지자 공무원생활을 해나가면서 학업을 계속해 나가기로 결심했다.

의학공부

서재필은 1888년 가을부터 주간에는 의학도서관에 근무를 하면서 야간에는 워싱턴 시내에 콜럼비안대학교 부설로 세운 코코란대학Corcoran School of Science and the Arts에 다녔다. 이 학교는 수업을 오후 6시부터 저녁 10시까지 하는 야간이었기 때문에 공무원들이 퇴근 후 다니기 편리했고, 교수진도 대부분 정부기관의 연구소에 근무하는 과학자나 기사들이었다. 이 학교에서 가르치는 과목은 수학·화학·물리학·동물학·생물학 등 기초과학과 금속학·지질학·기계학 등이었다. 서재필은 이 학교에서 1년간 기초과학을 배우고, 1889년 가을 학기에 콜럼비안대학교 의학부에 입학하였다.

서재필에게 의학을 공부해 보도록 권유한 사람은 빌링스였다. 그는 의학자로서 학식이 높고 친절하였고 서재필은 그런 그를 존경하였다. 그런데 그가 의학공부를 권유하자, 서재필은 법학을 공부하려던 계획을 변경하고 의학을 공부하기로 하였다. 빌링스는 도서관 근무시간을 서재필의 편의에 맞추어 조정해 주었을 뿐 아니라 도서관 전체를 마음대로 이용할 수 있도록 해 주었다. 서재필은 이러한 호의에 힘입어 직장에 근무하면서도 의학 공부에 전념할 수 있었다. 마침내 1892년 3월 소정의 과정을 마치고 그는 한국인 최초의 의학사^{M. D.} 학위를 받았다.

서재필은 컬럼비안대학 의학부를 마친 후에도 미육군 군의참모부 도서관에서 번역담당 사서로 계속 일하면서, 같은 시내에 있던 가필드^{Garfield}병원에서 1년 동안 수련의 과정을 마치고 의사 면허를 얻었다. 그는 수련의 과정을 마친 1893년 여름경부터 미육군 군의참모부 의학연구소에 조교로 근무하게 되었다. 빌링스는 세균학 권위자로 1893년 5월 미육군 의무총감에 임명된 스턴버그^{G. M. Sternberg}에게 서재필을 소개해주었다. 그러자 스턴버그는 미육군 군의참모부 의학연구소 소장 월터 리드^{Walter Reed}에게 그를 연구소 조교로 쓰도록 주선해주었다. 병리학과 세균학에 탁월한 업적을 갖고 있던 월트 리드는 빌링스와 스턴버그에게 발탁되어 의학연구소 소장 외에 빌링스의 후임으로 의학도

1892 컬럼비안대학 의학부 졸업식

컬럼비안대학 의학부 건물

서관 관장으로도 활동한 유능한 의학자였다. 서재필이 후에 세균학과 병리학을 전공하게 된 것은 스텐버그와 리드의 영향 때문이었다.

서재필은 리드의 지도아래 당시로서는 새로운 분야 학문이던 병리학·생화학·세균학 등을 배웠고, 그의 조언에 따라 6개월 동안 주말마다 존스 홉킨스Johns Hopkins대학 윌리암 웰쉬William Welsh 교수의 세균학과 병리학 강의를 들으러 볼티모어Baltimore에 갔다.

병원 개업과 결혼

1894년은 서재필에게 두 가지 점에서 잊지 못할 해였다. 하나는 그가 의학연구소를 나와 병원을 개업한 것이었고, 또 하나는 미모의 미국인 처녀와 결혼하게 된 것이었다.

서재필은 그의 의과대학 교수였던 존슨Johnson이 국가공무원은 진급 기회가 현실적으로 극히 제한을 받고 있으니, 차라리 개업을 하라는 권유를 받고, 그의 권유에 따라 워싱턴 시내에 병원 사무실을 얻어 병리전문병원을 개업했다. 그러나 병리학이라는 분야가 당시 미국에서 새로운 의학이었고, 더욱이 유색인 의사에 대한 차별 때문에 병원운영이 쉽지는 않았을 것으로 추정된다. 그렇지만 서재필은 성심성의껏 환자들을 돌보았고, 개업한 이듬해인 1895년부터는 모교인 의과대학에서 세균학 실습 강의Demonstrator of Bacteriology도 맡았다. 모교에서 강의를 맡았다는 것은 그만큼 그가 그 분야에서 인정을 받고 있었다는 것을 말해준다.

서재필은 갑신정변으로 망명하기 전까지 전통적인 관습에 따라 집안

서재필과 뮤리엘 암스트롱

어른들이 선택해 준 규수와 결혼 생활을 했었고 아들도 하나 두고 있었다. 그러나 정변으로 첫 부인과 아들이 세상을 떠나고, 자신도 이국땅으로 망명하여 독신으로 외롭게 지내왔다. 그러던 그에게 다시 사랑이 찾아왔다. 병원을 개업하고 워싱턴의 한 호텔에서 숙식을 해결하던 어느 날 그곳에서 뮤리엘 암스트롱을 만나게 된 것이다. 그때 서재필은 만 30세의 젊은 의사였고, 뮤리엘 암스트롱은 23세였다. 뮤리엘의 친아버지는 남

북전쟁시 미국 철도우체국의 창설자이며 초대 국장이었던 조지 암스트롱George B. Armstrong인데, 뮤리엘이 태어난 무렵에 별세하였다. 당시 뮤리엘은 화이트 대위Captain J. E. White와 재혼한 어머니를 따라 서재필과 같은 호텔에 머물고 있었다. 호텔에서 두 사람은 자주 마주쳤고 대화를 나누면서 사랑이 싹텄다. 서재필은 예술과 세계문화에 많은 관심을 갖고 있는 매력적이고 민감한 여성 뮤리엘에게 호감을 가졌다. 처음에 수줍어했던 뮤리엘도 젊은 개업의인 서재필에게서 신비로운 매력을 느끼게 되면서 정이 들었고, 마침내 1894년 6월 20일 결혼식을 올렸다. 결혼식은 워싱턴 카비넌트 교회Church of Covenant에서 루이스 헴린박사Dr. Lewis

Hamlin의 주례로 200여 명의 축하객이 참석한 가운데 성대하게 거행되었다. 이 결혼식은 당시 언론의 화제였던 것 같다. 그곳의 유력한 신문인 『워싱턴 이브닝 스타』와 『워싱턴 포스트』6월 21일자에 상세히 보도되었던 것이다. 『워싱턴 포스트』는 "제이슨 의사는 저명한 의사이며 과학자로서의 그의 명성은 이곳(워싱턴)에만 국한된 것이 아니다."라고 하며 신랑 서재필을 높이 평가하고 있다. 서재필은 이미 이때 미국 사회에서 인정받는 명사였다.

1890년대 서재필

　서재필은 단란한 신혼생활을 통해 정신적인 안정감을 회복하였다. 그러나 사회적 인정을 받았던 것에 비하여 경제사정은 여의치 않았던 것 같다. 그것은 당시 워싱턴 공사관에 근무하면서 서재필과 친하게 지냈던 박용규가 1897년 10월 8일 윤치호에게 설명하고 있는 데서 짐작할 수 있다. 서재필이 의사개업은 하였으나, 인종차별문제 때문에 수입이 적어 서재필 부부를 공사관 건물 내에서 무료로 지내게 하였으며, 수개월 동안 그 부부의 식비도 대주었다는 것이다. 서재필은 그 후 서울에 돌아가 박용규에게 200달러를 반환했다고 하는 것을 보아, 미국을 떠나 귀국할 무렵 그의 경제사정은 넉넉한 편은 아니었다.

06 개혁을 위해 고국에 돌아오다

청일전쟁과 갑오개혁

서재필이 미국에 망명해서 살고 있는 동안 국내 정세에 큰 변화가 일어
났다. 1894년 봄, 관리들의 부패에 항거하여 동학농민 봉기가 일어났
다. 조선 정부는 이를 진압하기 위해서 청나라에 파병을 요청했다. 미리
전쟁 준비를 마치고 조선침략의 기회를 노리고 있던 일본은 갑신정변의
수습과정 중에 청나라와 맺었던 톈진조약天津條約을 빌미로, 1894년 6
월 초 조선 정부의 요청도 받지 않은 채 조선에 대규모 군대를 파병하였
다. 일본군은 조선 정부의 철병 요청을 거부하고, 조선의 내정개혁을 요
구하였다. 이러한 일본의 내정개혁 요구는 친청적인 수구내각을 몰아내
고, 친일적인 새로운 내각을 구성하여 조선에 대한 독점적인 지배권을
확보하기 위한 책략이었다. 그러다가 일본군은 마침내 7월 23일 경복
궁을 포위·점령하여 조선군의 무장을 해제하고 온건 개화파 인물들로
친일 내각을 구성하여 개혁을 추진하게 하였다(갑오개혁). 7월 27일 개

혁추진기구로서 군국기무처軍國機務處를 설치하고, 영의정 김홍집金弘集을 회의총재에, 박정양朴定陽·김윤식金允植·김가진金嘉鎭·안경수安去壽·유길준兪吉濬 등 17명을 의원에 임명하여 내정개혁을 단행하였다. 이들은 정치·행정·관료제도의 개혁 단행뿐만 아니라 갑신정변과 동학농민 봉기로 드러난 폐정개혁 요구도 수용하여 대대적인 개혁을 단행하였다.

그러나 이들 개혁 내각도 동학농민군에 대해서는 여전히 일본군과 합세하여 탄압하였고, 일본인 고문관 및 군사교관의 초빙, 일본 화폐의 국내 유통허용 등 일본의 조선침략을 돕는 요구도 들어주었다.

일본은 이러한 개혁에 더욱 효율적으로 개입하기 위하여 갑신정변의 실패로 망명생활을 하고 있는 박영효·서광범·서재필 등 개화파 인물들을 귀국시키려 하였다. 먼저 일본에 망명해 있던 박영효를 설득하여 1894년 8월 귀국시키고 미국에서 망명하던 서광범을 같은 해 12월 귀국시켜 각각 내부대신과 법부대신으로 제2차 김홍집 내각에 참여케 하였다. 그리고 이들의 복권을 위하여 1894년 12월 9일 갑신정변 반역죄의 사면을 단행하였다. 개화파 관료들은 같은 무렵 개혁의 강령으로 '홍범 14조'를 제정하였는데, 그 내용은 청나라의 대한종주권對韓宗主權 부인, 대원군과 민비의 정치개입 배제, 근대적인 내각제도 확립, 탁지아문 관할하의 재정 일원화, 조세법정주의 및 예산제도 수립, 지방제도 개편, 해외유학생 파견에 의한 외국 선진문물 도입, 국민개병주의에 입각한 군사제도 확립, 법치주의에 의거한 국민의 생명 및 재산권 보호, 문벌 폐지와 능력에 따른 인재등용 등이었다.

한편, 일본의 해군도 연합함대를 파송하여 1894년 7월 25일 아산 앞바다에서 청국군이 타고 있던 수송함을 공격해 청일전쟁을 도발하였다. 청일전쟁은 1895년 4월 일본의 승리로 끝났다. 4월 17일 일본은 조선에 대한 독립인정, 요동반도와 대만 팽호열도 할양, 배상금 2억 량 지불, 일본에 구미 제국과 같은 통상 특권 부여 등을 조건으로 일본 시모노세키下關에서 청국과 강화조약을 맺었다. 그러나 이 조약의 내용이 알려지자 랴오둥 반도에 이권을 가지고 있던 러시아가 주동이 되어 프랑스·독일과 함께 랴오둥 반도의 할양을 포기하도록 일본에 압력을 가해 결국 일본은 랴오둥 반도를 청국에 돌려주었다.

청일전쟁이 끝난 후에도 일본은 군대를 계속 조선에 주둔시키고 내정 간섭을 계속하여 조선을 그들의 '보호국'으로 만들려는 정책을 강력하게 실시하였다.

귀국과 고종의 아관파천

서재필은 박영효·서광범과는 달리 일본의 귀국 권유를 거부했던 것 같다. 그가 언제부터 귀국 권유를 받았는지 그 시점은 정확치 않지만, 1894년 9월 이전이었던 것은 분명하다. 왜냐하면 구리노 신이치로栗野愼一郎 주미일본공사가 무쓰 무네미쓰陸奧宗光 외무대신에게 보낸 다음과 같은 1894년 9월 8일자 전보가 남아있기 때문이다.

서재필은 당지에서 의술개업 면허를 얻고 Dr. Philip Jaisohn이라 칭하면서 개업하고 있는 바, 특히 동인의 처는 미국인이어서 차제에 아무리

권고하여 보아도 도저히 귀국할 가망이 없음

당시 서재필은 병원을 개원하고, 뮤리엘과 결혼하여 한창 삶의 기반을 닦아가고 있던 때였다. 더욱이 10년 전 갑신정변 때 일본인에게 당한 배신을 벌써 잊었을 리 없었다.

이듬해인 1895년 5월 총리대신 김홍집이 물러나고, 박정양이 총리대신에 오르면서 박정양 내각이 수립될 때 6월 2일(음 5월 10일)자로 서재필을 외부협판에 임명하였다. 고위 관직을 주어서 서재필을 귀국시키려는 것이었다. 물론 그렇게 된 것은 김윤식의 천거에 의한 것이었지만, 먼저 귀국하여 내각에 참여하고 있던 박영효와 서광범의 역할도 컸다. 그러나 서재필은 그것도 거절하였다.

"한국에는 여러 가지 변천이 있었다. 청일전쟁 후 시모노세키조약下關條約으로 한국은 독립국이 되었다. 정부에서는 나에게 외무협판이 되어 달라고 하였으나 나는 의학 연구를 중단하고 싶지 않아서, 귀국 취임하기를 거절하였다. 나의 옛 친구 박영효·서광범·윤치호·유길준 제씨들은 새 내각의 각료들이 되었다. 그러나 얼마 안 되어 이 새 내각은 임금의 신임을 잃고 동시에 1884년 때와 조금도 다름이 없이 황제 측근의 궐내 도당들과 반목불화를 하기에 이르렀다는 것을 나는 멀리서 들었다."

서재필은 전문 의사로서의 미국 생활을 포기하고 싶지 않았을 것이다. 더욱이 자신을 천거한 박영효가 1895년 7월 초 반역음모에 가담했다는 혐의로 체포령이 내려져 다시 일본으로 망명하였다. 박영효가 망명한 직후 서재필의 외부협판직도 7월 9일(음 윤 5월 17일)자로 면직되었다. 그러던 어느 날 뜻밖에 박영효가 서재필을 찾아왔다. 그는 일본이 안전하지 않다고 생각하여 미국까지 망명 온 것이었다.

비록 망명객이기는 하였지만, 박영효는 서재필 같은 인재가 귀국하면 분명히 조국의 개혁에 기여할 수 있을 것이라고 적극적으로 그의 귀국을 권유했다. 그 이야기를 듣고 서재필은 조국에 대한 일종의 사명감 같은 것을 느꼈다.

워싱턴 주재 주미한국공사관에서는 대리공사 박용규朴鎔圭가 서재필의 귀국 의사를 확인하고, 그의 귀국을 주선해 주었다. 서재필은 이제 미국시민이었으므로 미국 여권을 발급받아야 했다. 그의 여권은 1895년 11월 8일자로 발급되었다. 아마도 귀국 준비를 다 해놓고 여권이 나오자마자 워싱턴을 출발하여 귀국길에 올랐던 것 같다. 국내의 김홍집 내각의 외부外部에서도 그가 도착하기 이틀 전인 1895년 12월 24일(음 11월 9일)자로 주차미국공사관 3등 참서관에 그를 임명했다.

서재필은 마침내 1895년 12월 26일 조국을 떠난지 11년 만에 귀국했다. 귀국해보니 예상했던 것보다 국내 정국은 더 혼란스러웠다. 그가 귀국하기 2달여 전인 10월 8일 일본 낭인에 의해 왕후가 살해되는 만행이 일어났고(명성황후 시해사건), 11월 28일 국왕인 고종이 생명의 위협을 느껴 미국공사관으로 피신하려다가 발각된 춘생문사건이 일어나 정국이 매우 혼란스러웠던 것이다. 그길로 다시 미국에 돌아가고 싶은 생각이 들 정도였다.

이런 상황에서 서재필을 설득하여 붙잡아 둔 것은 유길준俞吉濬이었다. 유길준은 일찍부터 갑신정변의 주모자인 김옥균·박영효 등과 친분관계가 있었고, 서재필 보다 먼저 일본과 미국에서 유학했다. 그는 1885년 12월에 귀국하여 개화파 일당으로 지목되어 한 때 체포되기도 했었다. 그러나 한규설韓圭卨의 도움으로 극형을 면하고 1892년까지 그의 집과 취운정에서 연금생활을 하면서 『서유견문西遊見聞』을 집필하여 1895년에 출판하였다. 그러다가 1894년 7월 청일전쟁 직후 수립된 친일내각에 참여하여 외아문참

유길준

의겸군국기무처회의원外衙門參議兼軍國機務處會議員 · 의정부도헌議政府都憲 · 내각총서內閣總書 · 내무협판內務協辦 등의 요직을 지내면서 갑오개혁의 이론적 기초를 제공했던 인물이다.

　서재필이 귀국했을 때도 그는 온건 개화파로 이루어진 김홍집 내각의 내부대신으로서 단발령·양력 사용 등 강력한 개화정책을 강행하여 보수적인 유림들의 저항을 받기도 하였다. 그는 서재필의 능력을 높이 평가하고 어떻게든 그를 붙잡아 두려고 하였다.

　"유길준은 백방으로 나를 만류하고 이런저런 직임을 나에게 권했다. 나는 비록 미국에 다시 가지 않는다 하더라도 벼슬은 하지 않고 민중 교육을 위해 신문을 발간하여 정부가 하는 일을 서민이 알게 하고, 다른 나라들이 한국 때문에 무엇을 하고 있나를 일깨워 주는 일이나 해 보겠다고 하였다. 유씨는 나의 제의를 쾌락하고 재정적으로 나를 후원하겠다고 약속하였다."

서재필은 이미 임명해 두고 기다리던 관직도, 기타 다른 관직도 모두 거부하고 자신의 미국인 신분을 유지하면서 월봉 300원 10년 계약의 중추원고문직만을 받아들였다. 이것은 자신의 신분과 생활에도 안정을 줄 수 있고, 자유롭게 행동하면서 정부에도 일정한 영향력을 끼칠 수 있다고 생각했기 때문이다. 그의 뜻은 일반 민중을 계몽하여 '자유와 독립의 사상'을 심어주는 데 있었다. 그리하여 근대적 신문을 창간하여 정부의 개화정책을 국민에게 알리고, 다른 나라의 사정과 조선에 대한 정책도 알리겠다는 포부를 말했다. 유길준도 이러한 근대적 신문 발간 계획을 가지고 있던 터라 서재필의 활동을 재정적으로 적극 후원하겠다는 약속을 하였다.

그러나 서재필이 계획한 신문발간은 순조롭게 이루어지지 않았다. 1896년 2월 11일 국왕인 고종이 러시아공사관으로 피신을 하고, 총리대신 김홍집 내각이 붕괴된 것이다(아관파천). 신문발간을 지원하겠다던 유길준도 망명길을 떠났다.

고종은 러시아 공관에서 당시 내각 각료들에게 사형 선고를 내리고 새 내각을 조직케 하였다. 서재필은 러시아 공관으로 가서 고종을 알현하고, 곧 궁으로 돌아가 한 나라의 지존至尊으로 국정을 총람할 것이며 남의 나라 공관에 한 빈객으로 머물지 말라고 아뢰었다. 그러나 고종은 물론 러시아공사까지 그를 미워하였다.

서재필이 생각하기에 한 나라의 국왕이 외국인 공사관으로 피신한다는 것은 독립 국가의 체면을 손상시키는 일이었다.

서재필이 귀국하여 한 달이 채 되지 못한 1896년 1월 20일자 『한성신보』에 서재필의 동정이 실렸다. 『한성신보』는 명성황후 시해사건에도 관여했던 일본인 아다치安達謙藏가 발행하던 신문으로, 일본 외무성의 기밀보조금으로 창간된 것이었다.

> 서재필 씨는 근자에 서양으로부터 귀국하였기 때문에 감개무량함을 참지 못하는 점이 많아, 여러 가지 계획을 세워야 되겠다고 하는 중에, 우선 제일착으로 영·한문의 신문을 발간할 생각이라고. 목적은 사회개량의 지도에 두고 또한 조선의 현상을 서양 각국에 알려야 되겠다고도 한다.

이러한 보도가 나가자 일본공사를 비롯한 일본인들이 적극적으로 이 일을 반대하고 나섰다. 고무라 주타로小村壽太郞는 서재필을 만나 조선은 미국과 다른 나라이니, 미국 사상인 민권주의 사상, 즉 민주주의를 전파하지 말라고 충고했다. 신문을 발행하여 미국의 사상인 민권·민주 사상을 전파하면, 나라가 어지럽게 될 것이라는 말이었다. 또 신문 발행을 강행하면, 일본인들이 그를 암살할지도 모른다는 위협적인 언사까지 함부로 했다. 서재필은 한 나라의 왕후까지 암살한 그들이라면 자신 하나쯤 처치하는 것은 쉬운 일이라 생각되었다. 그는 1월 31일 함께 신문을 발간하기로 약속했던 윤치호를 만나 그가 느낀 공포감을 말했다.

"아무래도 신문 발간 계획은 포기해야 할 것 같네. 일본인들이 신문을 발행하는 것을 그대로 두지 않을 것 같아. 그들은 한국이 두 개의 신문을 가질 만큼 발전되어 있지 않는 한, 그리고 그들의 『한성신보』가 존재해야 하는 한, 그 신문과 경쟁하려는 신문의 어떠한 시도도 분쇄해 버릴 것이라고 말했네. 일본의 의사에 반대하는 어떠한 행동을 하는 사람은 누구나 암살할 것이라고 은근히 암시했네. 그들은 나를 독약처럼 미워하지. 내가 며칠 전에 몇몇 한국 상인들에게 석유를 미국으로부터 직접 수입하는 것이 가격을 저렴하게 하여 소비자의 이익이 된다고 말했기 때문이네. 이곳에 나는 혼자라네. 미국정부도 나를 지원하지 않을 것이고, 한국정부나 민중도 일본인의 암살로부터 나를 보호할 수도 없고 하려고 하지도 않을 테지. 내가 보호받지 못한 채 혼자라면, 나는 아무 일도 할 수 없네!"

이 말을 들은 윤치호는 매우 놀랐다. 믿어지지 않지만, 충분히 가능성이 있는 일이라고 생각했다. 신문이 내각의 지원을 받아 창간된다면, 그 신문은 반일적 성격을 가질 가능성이 크므로 일본인들은 대신들을 위협하여 그 계획을 무산시킬 것이다.

2월 2일 윤치호는 사무실에서 유길준을 만나 서재필의 신문발간 계획에 대해서 이야기했다. 서재필이 일본인의 암살 위협을 받아 계획을 포기하려 한다는 말을 듣고, 유길준은 『한성신보』와 공동으로 발행하면 효과적이겠다는 제안을 했다. 하지만 윤치호는 그것은 일본 측도 서재필도 동의할 수 없을 것이라고 대답했다. 윤치호는 서재필이 신문을 발간하려고 하는 것이 유길준 일파의 이익에 반대되는 것이기 때문에 그들이 일본 측의 압력을 받고 이를 무산시킨 것이라는 생각이 들었다. 이 일로 그는 이 신문이 서재필의 개인 사업이 아니라는 것을 분명히 알게 되었다.

2월 11일 아관파천으로 김홍집 내각이 무너져 유길준은 망명하고, 박정양 내각이 들어섰다. 아관파천은 친러파가 주도하였기 때문에 내각에 대한 일본의 압력도 사라졌다. 박정양 내각은 신문 발간의 필요성을 충분히 인식하고 있었다. 그리하여 전 내각 유길준과

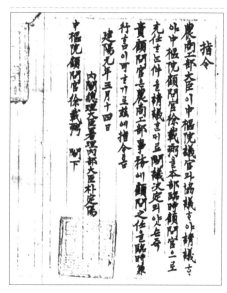

1896년 농상공부 고문 임명장

서재필이 맺은 약속을 이행하고, 신문 발간 계획을 적극적으로 후원하였다. 1896년 3월 13일 서재필을 신문담당부서인 농공상부의 임시고문으로 임명한 것도 그 때문이었다.

서재필의 신문발간 계획은 다시 활기를 띠었다. 그는 당시 서양인들이 발행하던 영문 잡지 『코리언 리포지토리』 1896년 3월호에 「오늘날 한국이 가장 필요로 하는 일What Korea needs most」라는 제목의 글을 기고하여 국민과 정부 관리의 소통, 이를 위한 교육을 강조하였다.

정부는 국민의 실정을 알아야 하고, 국민은 정부의 목적을 알아야 한다.

정부와 국민 상호간의 이해가 있도록 하기 위해서 쌍방에 대한 교육이 있을 뿐이다. …… 교육 없는 국민들이 정부의 좋은 의도를 이해하지 못할 것이고, 교육 없는 정부 관리들이 결코 좋은 법률을 만들지 못할 것이다.

서재필은 국민과 정부 관리를 모두 교육하는 가장 좋은 길은 신문 발간이라고 생각했다. 그는 1897년 4월 7일 정부에서 제공한 건물과 보조금으로 『독립신문』을 창간하였다. 서재필이 사장 겸 주필을 맡았고, 주시경을 총무 겸 국문판 주필에 임명했다. 『독립신문』은 가로 22cm, 세로 33cm 크기로 4면으로 발행하였다. 3면까지는 순한글 국문판, 4면은 영문판이었는데 영문판 편집은 서재필이 직접 맡았다. 『독립신문』은 주 3회 발행되는 격일간이었다. 처음에는 300부를 인쇄하였으나 점차 그 부수가 늘어나 1898년 말경에는 3,000부까지 발행되었다.

서재필은 창간호 논설에서 오직 '조선만 위하여' 불편부당하고 차별이 없는 공정한 보도를 약속하고, 정부와 백성의 의사소통을 도모하겠다고 밝혔다. 또 이 신문을 순한글로 발행하는 것은 남녀노소 모두 알아보기 쉽게 하기 위함이라고 쓰고 있다.

서재필이 『독립신문』을 통해 한국사회 발전에 기여한 계몽적 역할을 요약·정리하면 다음과 같다.

첫째, 근대사회 형성에 필요한 지식과 사상을 소개하여 국민 대중이 자신의 권리의식을 깨우치게 하였다.

둘째, 열강의 침략간섭정책을 비판하고 폭로하여 자주독립과 국가이

『독립신문』 초판   『독립신문』을 제작하고 있는 사람들

익의 수호를 위해 공헌하였다.

셋째, 국민의 이익을 대변하고 국민의 권리를 되찾아 수호하는 데 큰
역할을 하였다.

넷째, 국문전용, 국문 띄어쓰기, 쉬운 국어쓰기를 실행하여 민족의
언어와 문자, 문화의 발전에 기여하였다.

다섯째, 당시 지방에 성행하던 관리의 부정부패와 국민수탈을 비판·
폭로하여 이를 바로잡는 데 기여하였다.

여섯째, 1896년 7월에 창립된 독립협회의 기관지 역할을 담당하면
서 독립협회의 사상형성과 자주민권·자주자강운동에 큰 공
헌을 하였다.

국·영문판 『독립신문』 창간호

일곱째, 민중에게 신문의 사회적 역할과 그 중요성을 알게 하고, 여론과 공론을 형성하여 정치·사회활동을 전개하는 방식을 성립시켰으며, 광무 초기의 신문과 출판물의 발흥에 지대한 영향을 끼쳤다.

여덟째, 세계의 정세를 알려주어 국제정세 변동 속의 우리 위치를 인식하게 했으며, 세계 각국의 문물을 소개하여 한국인의 시야를 넓혀 주었다.

아홉째, 영문판인 『The Independent』를 통해, 한국인의 입장에서 한국의 사정을 세계에 알리고, 한국인의 의사와 주장을 세계 각국에 알렸다.

『독립신문』을 창간하여 운영하던 어느 날, 아펜젤러 선교사가 서재필에게 배재학당 학생들을 대상으로 특별 연속강연을 부탁했다. 서재필은 이를 기꺼이 수락했다. 청년학생들에게 국제정세와 개화사상을 강의할 절호의 기회였다. 강의는 1896년 5월 21일부터 매주 목요일 오후 3시에 열렸다. 서재필은 이 특강에서 국내외 정치정세와 지리·역사·사회·문화 등 일반지식과 세계정세에 관한 것을 강의했다. 학생들은 서재필의 말 한마디 한마디를 놓치지 않으려 열심이었고, 서재필 자신에게도 일반지식과 세계정세를 알리려 애쓰는 청중을 가르치는 것은 기쁜 일이었다. 이 강의는 1년 이상 지속되었다.

이 강의가 6개월 정도 진행되었을 때 서재필은 학생들에게 강연을 듣는 데에만 그치지 말고 현실 문제에 대해 서로 토론할 것을 제의하였다. 호응한 학생들을 중심으로 협성회가 조직되고 1896년 11월 30일에 첫 모임을 가졌다. 회의 진행 방법이나 절차, 규칙을 하나하나 서재필이 지도했다. 얼마 지나지 않아 학생들은 곧 토론에 익숙해졌다. 그는 영문판 『독립신문』 1896년 12월 3일자 사설에서 이 토론회에 대한 감상을 이렇게 쓰고 있다.

며칠 전 배재학당 학생들의 새 토론회의 진행을 지켜보았다. 회원들의 질서정연한 모습, 회의규칙의 엄격한 적용, 회중에서의 성실한 토론, 전 회원의 열성적인 토론 참여, 자기의 주장을 거리낌 없이 표현하는 용감

『협성회회보』   『매일신문』

한 태도 등은 조선의 안녕을 바라는 사람들의 마음을 즐겁게 해 주었다.

이 토론회는 매주 토요일 오후 2시에 정기적으로 열렸는데, 토론 제
목들은 구체적인 현실문제에서 선택되었다. 제1회에서는 '국문과 한문
을 섞어 씀이 가함', 제2회 '학도들은 양복을 입음이 가함', 제3회 '아
내와 자매와 딸들을 각종 학문으로 교육함이 가함' 등이었다. 토론회
는 찬성자와 반대자를 미리 정하여 토론케 하였는데, 성황을 이루어 회
원수가 급증하였다. 처음에 13명으로 시작했으나 발족한지 1년이 지난
1897년 12월에는 회원수가 200명으로 늘었고, 1898년 3월에는 300명
에 이르렀다. 협성회는 자기들의 활동과 주장을 일반에게 알리기 위해

서 1898년 1월부터 주간으로 『협성회회보』를 발간했다. 이것이 같은 해 4월에는 『매일신문』으로 발전하였다.

독립협회 설립

1896년 7월에 서재필을 고문으로 조직된 독립협회는 독립문 건립과 독립관, 독립공원 조성이 그 첫 목표였다.

　당시 한국은 세계 각국과의 조약을 통해 독립국으로 인정받기는 하였지만, 그것은 서류상의 독립에 불과하고 실제적으로 독립국 대우는 받지 못하고 있다고 서재필은 생각했다. 그리고 그것은 중국·일본·러시아 등 당시 인접 국가들에서 유행하던 침략정책 때문이라고 여겼다. 서재필은 한국이 인접국 가운데 한 나라의 무서운 영향력 아래 침몰하지 않을 가능성은 한국인들 스스로가 내외 정책을 현명하게 바꾸고 국내 문제에 있어서 급진적인 변화를 이루는 것이라고 주장했다. 특히 대중들의 교육 문제와 모든 조약 국가들에 대해 치우치지 않는 외교를 유지하는 것이 중요했다. 그는 당시 한국 정부에 이런 생각을 거듭 제안했으나 아무런 효과가 없었다. 그래서 그는 직접 당시 공공 강습과 공적인 논쟁, 일간 신문 및 기타 이용 가능했던 교육 시설을 이용해 한국의 일반인들을 교육시킬 수 있는 일에 뛰어들었다. 그래서 정부의 도움을 받아 마침내 『독립신문』을 발간하고 배재학당에서 정기적인 강연도 하였던 것이다.

　서재필은 해방 후 독립문 건립 50주년 축하식에서 그가 독립문을 설립하게 될 배경을 이렇게 회고하였다.

얼마 후 저는 독립이라는 단어가 한국 국민들의 가슴에 깊이 새겨질지도
모른다는 희망으로 공공공원이나 공공건물 혹은 공로公路 같은 어떤 영구,
적인 구조물을 세워서 독립이라는 이름을 붙여야 한다고 생각하게 되었
습니다. 결국 저는 이 자리에 한국의 자유를 기리는 문을 세우기로 했습
니다. 그것은 경제적 부담은 조금 줄이면서도 실용적일 수 있었습니다.
우리가 문을 세우기 위해 이 장소를 선택하던 때에도 여기에는 이미 한
국 왕들의 대관식을 위해 한국에 오던 중국 사신들을 영접하려는 목적으
로 몇 백 년 동안 문(영은문)이 세워져 있었습니다. 그 문은 사용되지 않아
매우 훼손되어 있었기 때문에 그것을 치우고 그 자리에 이 석조물을 세
웠습니다. 저는 그것을 독립문이라고 이름 붙였습니다. 이 계획은 몇몇
의 한국 사람들이 자금을 댔고, 실제 작업은 심Simm이라는 한국인 토건
업자가 했습니다. 당시 재료와 노동비는 터무니없이 낮아서 전체 건축비
가 1,520엔 들었고, 이것을 세우기 위해 제가 마련한 돈은 몇몇 한국 분
들로부터 모금하고 제 돈 500엔을 합해 총 1,600엔이었습니다.
이 문이 완공된 후 우리는 지금 우리가 모인 이 자리에서 축하 모임을 가
졌습니다. 하객으로는 많은 외국 외교 대표자들이 오셨고, 모여든 청중
이 7천 명이었습니다. 그때 제가 했던 연설을 정확히 기억하지는 못하지
만, 요지는 한국인들에게 내외 정책에 있어 현대적이고 진보적인 주권국
으로서 사고와 행동을 바꾸자고 촉구하는 것이었습니다. 또 영국과 프랑
스, 독일, 러시아, 일본, 미국 등 조약국의 대표들에게 한국 국민들이 현

독립문

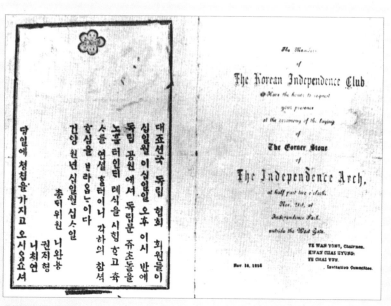

독립문 준공식 초청장

대적인 독립국이 되려는 포부를 갖도록 도와 달라고 부탁했습니다.

서재필의 독립문·독립관·독립공원 설립에 대한 구상은 집권내각을 비롯한 개화파 관료들로부터도 적극적인 지지를 받았다. 그러자 1896년 6월 7일 그는 자신이 고문으로 있던 중추원 건물에서 안경수·이완용·김가진·이윤용·김종한·권재형·고영희·민상호·이채연·이상재·현흥택·김각현·이근호·남궁억이 모여 발기인 모임을 가졌다. 이들은 모두 서재필이 접촉한 건양협회 잔여 세력과 정동구락부 세력, 그리고 정부 내의 중견 개명관료 세력이었다. 이 모임에서 이 일을 전 국민의 성금으로 추진하기로 하고 이를 추진 할 단체로 '독립협회'를 조직하기로 결정했다. 그 후 이 계획이 고종에게까지 보고되어 국왕의 재가를 받자, 서재필은 『독립신문』 국문판과 영문판 6월 20일자 「논설」을 통해 이 사실을 널리 알렸다. 그가 직접 집필한 영문판 6월 20일자 사설에서 그는 감격적으로 독립문 설립의 의미를 설명하고 있다.

오늘 우리는 국왕께서 서대문 밖 문의 옛터에 독립문라고 명명할 새로운 문을 세우기로 결정한 사실에 기뻐한다. 우리는 그 문에 새겨질 이름이 한국어(언문)로 조각될지 알지 못하지만 그렇게 되길 바란다. …… 이 문은 다만 중국으로부터의 독립만을 의미하는 것이 아니라 일본으로부터 러시아로부터 그리고 모든 유럽 열강으로부터의 독립을 의미하는 것이다.
그것은 조선이 전쟁의 폭력에서 열강들에 대항하여 견딜 수 있다는 의미

에서가 아니라, 조선의 위치가 극히 중요하여 평화와 휴머니티와 진보를
위해서 조선의 독립이 필요하며, 조선이 동양 열강 사이의 중요한 위치
를 향유함을 보장하도록 위치하고 있다는 의미에서 그러한 것이다. 전쟁
이 조선의 주변에서 발발할 수 있을 것이다. 아니 그 머리 위에서 쏟아질
것이다. 그러나 힘의 균형의 법칙에 의하여 조선은 손상 받지 않고 다시
일어설 것이다.

독립문이 대성공을 거두길. 그리고 후세들이 독립문을 가리키며, 이것을
만든 백성들에게 영국인, 미국인, 프랑스인같은 다른 나라 사람들이 그
들 선조들의 영광스러운 성취를 나타낼 때 받는 느낌과 같은 느낌을 느
끼기를 바란다.

마침내 독립협회 창립총회는 1896년 7월 2일 새로 지은 외부外部 건
물에서 열렸다. 이날 창립총회에서는 「독립협회규칙」을 제정하고, 독립
문과 독립공원의 창건을 사업목적으로 확정하였다. 이 날 선출된 독립
협회의 임원은 고문에 서재필, 회장에 안경수, 위원장에 이완용, 위원으
로 김가진·김종한·민상호·이채연·권재형·현흥택·이상재·이근호,
간사원으로 송헌빈·남궁억·오세창 등 10명이었다.

독립협회는 창립과 동시에 발기위원들이 솔선하여 510원을 헌납하
고 각계의 지원과 입회를 호소하는 '독립협회윤고輪告'를 채택하였다. 이
에 대해 서재필은 『독립신문』 「논설」을 통해 축하하면서 의미를 부여
했다.

"이달 초 이튿날 새 외부에 여러분들이 모여 의론하기를 조선이 몇

해를 청국 속국으로 있다가 하나님 덕에 독립이 되어, 조선 대군주 폐하께서 지금은 세계에 제일 높은 임금들과 동등이 되시고, 조선 인민이 세계에 자유하는 백성들이 되었으니, 이런 경사를 그저 보고 지내는 것이 도리가 아니요, 조선 독립된 것을 세계에 광고도 하며, 또 조선 후생들에게도 이때에 조선이 영영히 독립된 것을 전하자는 표적이 있어야 할 터이요, 또 조선 인민이 양생을 하려면 맑은 공기를 마셔야 할 터이요, 경치 좋고 정한 데서 운동도 하여야 할지라. 모화관에 새로 독립문을 짓고 그 안을 공원으로 꾸며 천추만세에 자주 독립한 공원이라고 전할 뜻이라.

이것을 하려면 정부 돈만 가지고 하는 것이 마땅치 않은 까닭은, 조선이 자주 독립된 것이 정부에만 경사가 아니라 전국 인민의 경사라. 인민의 돈을 가지고 이것을 꾸며놓는 것이 나라에 더 영광이 될 터이요.”

독립협회는 『독립신문』을 통하여 성금 헌납자를 공고하는 한편, 헌납자가 협회 가입의사를 밝히면 회원으로도 가입시켰다. 회원 자격을 제한하지 않아 누구든지 취지에 찬동하여 가입신청만 하면 입회 허가를 받았으므로 회원수는 급속히 증가되어 그해 말에는 회원수가 2,000명을 돌파하였다.

서재필의 지도 아래에서 독립협회는 『독립신문』과 『독립협회회보』 등의 간행물과 토론회 및 강연회 등을 통해 광범위한 사회세력을 계몽하고 결집시켰다. 그리하여 우리나라 최초의 근대적 사회정치단체로 발전하게 되었다.

독립협회는 1896년 7월 2일 창립한 이후부터 1898년 12월말 해산

당할 때까지 4단계의 발전 과정을 거쳤다. 제1기는 독립협회의 창립일부터 1897년 8월 28일까지로 창립사업기 또는 고급관료 주도기이다. 이 시기에는 서재필의 지도 아래 독립문·독립관·독립공원의 조성 등 창립사업에 주력하였고, 사회 일반민중의 참여 뿐만 아니라 관료와 왕실의 지원을 받아 거대한 사회단체로 성장하였다. 그러나 일반민중 회원은 아직 표면에 나서지 못했고 개혁파와 보수파 고급관료들이 주도하고 있었다.

제2기는 정기적인 토론회를 시작한 1897년 8월 29일부터 1898년 2월 20일까지로 민중계몽기 또는 민중진출기이다. 이 시기는 서재필·윤치호의 지도 아래 정기적인 토론회와 강연회를 통해 회원들에게 효과적인 의사 표현의 방법과 민주적인 행동을 체득하게 하였다. 이에 계몽된 민중의 진출이 뚜렷해졌다. 특히 1897년 말기부터는 토론회와 『독립신문』을 통하여 러시아인 재정고문 고용문제와 관련한 보수파 정권의 외세의존 정책을 비판하기 시작하였다. 이 때문에 보수적 관료층은 독립협회에서 점차 이탈하게 되었고, 개혁파 관료들과 재야·신지식층이 주도하는 민중적 사회단체로 전환되어갔다. 또한 협성회·광무협회 같은 학생단체에 의한 대중동원 체제를 확보했으며 토론회·강연회를 활성화하여 국권·민권·애국사상을 고취하였다.

제3기는 독립협회가 구국운동을 선언한 1898년 2월 21일부터 그 해 9월 10일까지로 민중운동기 또는 민중주도기이다. 이 시기는 독립협회가 구국운동을 선언하고 만민공동회萬民共同會를 개최하여 민중의 정치활동을 통해 민의를 국가 정책에 반영한 시기이다. 이 시기에는 외세의 이권 침탈과 내정 간섭을 비판하는 자주국권운동과 전근대적인 압제와 수탈로부터 신체와 재산권의 자유 등 인권을 주장하는 자유민권운동, 그리고 민권의 신장과 국권의 강화를 위해 관민의 합력기구로서 의회 설립을 추구한 국민참정운동이 전개되었다. 이 시기에는 관료층이 대거 퇴진하고 임원진도 개편되어 회장에 이완용(전라도관찰사로 전임), 부회장 겸 회장 대리에 윤치호, 서기에 남궁억, 회계에 이상재·윤효정尹孝定, 제의에 정교·양홍묵梁弘默·이건호李建鎬, 사법위원에 안영수安寧洙·강화석姜華錫·홍긍섭洪肯燮 등 개혁파 중심 체제로 전환되었다. 이 시기에 서재필이 다시 미국으로 추방되자, 재류운동을 벌이기도 하였다.

제4기는 김홍륙독다사건金鴻陸毒茶事件이 발생된 1898년 9월 11일부터 민회 금압령이 내려진 그 해 12월 25일까지로 민중투쟁기 또는 민권투쟁기이다. 독립협회·황국중앙총상회·만민공동회를 중심의 민중들은 김홍륙 일당의 고종암살미수사건을 계기로 국왕과 정부에 정면으로 도전하였다. 이처럼 이 시기는 민주주의의 기본적 자유를 쟁취하고 입헌대의정치를 추구했던 관권 대 민권의 투쟁기였다. 이때 독립협회는 민중과 더불어 보수내각을 붕괴시키고 진보내각을 구성하도록 하였다. 또한 언론·집회 자유의 투쟁을 승리로 이끌고 관민공동회官民共同會를 열어 인민헌의안人民獻議案을 수락하게 하였으며, 민선의회民選議會의 성격이 가미된 중추원 관제를 공포케 하여 인민참정권을 공인하게 하는 성과를 거두었다. 그러나 독립협회의 공화제 추진설을 거짓 유포한 보수파의 반동적인 익명서사건匿名書事件으로 개혁내각이 붕괴되고 의회 설립운동은 좌절되었다. 이 시기에는 재야인사 중 소장층의 강경파가 주도했고 임원진도 회장 윤치호, 부회장 이상재, 서기 박치훈·한만용韓晩容, 회계 이일상, 사법위원 남궁억·정교, 그리고 평의원 20명 등으로 구성되어, 민중을 대변하는 체제로 전환되었다. 이 시기의 독립협회는 4,000여 명의 회원과 전국적인 지회, 각종의 민권단체와 수많은 민중의 지지와 호응을 받아 국민의 대표기관으로 자리매김하였고 정부에 대해서도 강력한 압력단체로 성장하였다.

07 다시 조국을 떠나다

서재필 추방 공작

서재필이 다시 조국을 떠나게 된 것은 고종을 비롯한 친러파 정부 관료 및 러시아공사관과 갈등 때문이었다. 서재필이 고종에게 환궁을 권고하였음에도 불구하고 아관파천 후 박정양 내각과 서재필의 관계는 매우 협조적이었다. 서재필은 박정양 내각의 도움을 받아 『독립신문』을 발간할 수 있었고, 독립협회가 출범할 때 이완용을 비롯한 정부 고관들이 다수 참가했던 것도 그 때문이었다. 그러나 『독립신문』이 비판적 기능을 하고 독립협회의 토론회가 거듭되면서 친러파 정부와 열강의 이권침탈을 비판하자 친러파 정부와 러시아 측은 독립협회에 대해서 불만을 갖게 되었다. 그리고 이 모든 것은 뒤에서 서재필이 사주하기 때문이라고 생각하여 서재필을 미워했다.

고종은 1897년 2월 20일 러시아공사관에서 경운궁(덕수궁)으로 아관 파천 1년여 만에 환궁하였다. 그러나 환궁 후에도 러시아 수비대가 궁궐 수비를 맡고, 러시아의 영향력은 줄어들지 않았다. 그 무렵부터 서재필은 『독립신문』을 통하여 고종이 신임하던 김홍륙金鴻陸, 이용익李容翊, 홍종우洪鍾宇, 조병식趙秉式 등 친러파 정부 관리들을 노골적으로 비판하였다. 그들이 러시아 측과 결탁하여 인민을 수탈하고 국정을 문란하게 한다는 것이었다. 특히 김홍륙은 러시아공사의 통역을 맡았던 사람으로, 러시아공사의 의향을 빙자하여 매관매직까지 서슴지 않았다.

또한 친러파에 둘러싸여 있던 고종도 서재필을 달가워하지 않았다. 더욱이 서재필이 주권재민을 주장한다는 사실이 알려지면서 고종은 왕권이 제한되지는 않을까 하는 불안감에 더욱더 서재필을 경계하고 미워하였다. 서재필은 한 정부 고위직에 있었던 노인과의 주권재민에 대한 논쟁을 벌였다.

"한국은 한국 국민들의 것이며, 국민들은 국가의 이해利害에 대해 의무를 가지고, 자신과 자녀들이 살기에 가장 좋은 곳이 될 수 있도록 최선을 다해야 한다."

그러자 한때 정부의 고위직에 있었던 노인이 일어서서 서재필의 생각을 반박했다.

"한국은 국왕의 것이며 국민 역시 국왕의 것이라고 항상 생각한다."

서재필은 이렇게 대답했다.

"모든 국가에는 국왕이 있고, 국왕은 국민을 다스린다. 모든 국왕은 국민이 만든 것이며, 따라서 국왕도 국민의 것이지 국민이 국왕의 것은 아니다. 국왕은 바뀔 수도 있지만 국민은 항상 그 자리에 있다. 따라서 그들이 살고 있는 나라도 그들의 것이다. 나는 국왕은 없으나 국민이 영토의 주인임이 분명히 명시되어 있는 많은 나라를 알고 있다. 영국의 국왕은 국민들이 자기에게 주었거나 자신의 돈으로 구매한 영토가 아니면 한 평의 땅도 자신의 것이라고 주장하지 않는다. 모든 문명국가에서는 이 점이 사실이고 한국도 예외가 아니다."

그 노인은 이상하다고 생각했지만 그의 주장에 더이상 반박하지 않았다.

1897년 9월 주한러시아공사 웨베르K. Weaber의 후임으로 스페이어A. de Speyer가 부임하였다. 서재필은 웨베르에 대해서 "한국에서 자국의 이익을 추구하면서도 한국 국민을 좋아하였고, 여러 면에서 한국 국민을 도우려 애썼다."고 평가하였다. 그러나 새로 부임한 스페이어는 달랐다. 서재필은 그를 이렇게 기억한다.

"스페이어는 그 당시 러시아 제국주의의 전형적인 비정한 음모가였다. 그의 태도는 무례했고, 행동은 거칠었다. 그는 일반 국민들의 교육에 대해 신념을 갖고 있지 않았고, 세계를 다스릴 것으로 정해진 자국 황제 짜르Czar를 신성하게 믿고 있었다. 그는 개인적으로 나를 싫어했을 뿐만 아니라 어느 나라이든 간에 일반 국민의 권리를 우습게 생각했다. 내가 한국을 억지로 떠나게 된 것은 대부분 그의 음흉한 음모 때문이었다."

스페이어는 부임한 지 얼마 되지 않은 9월 20일 윤치호를 만난 자리에서 서재필과 그가 하는 일에 대한 적개심을 드러냈다.

"서재필의 신문은 미국신문이며, 독립협회·독립문·독립공원 같은 것은 모두 의미 없는 것이다."

같은 해 10월 12일에도 윤치호가 스페이어를 만나 서재필의 참 모습과 의지를 전하려 했으나 그의 권고를 듣지 않았다.

1890년대의 윤치호

"당신은 왜 서재필과 친해지려고 하지 않습니까? 서재필은 한국의 이익에 상반되지 않는 한 러시아를 친하게 생각하고 있습니다."

스페이어는 답했다.

"그 사람은 그런 흔적을 보이지 않소. 그뿐만 아니라 임금은 서재필을 아주 싫어하고 있소. 지금까지 나는 임금에게 서재필에 대한 이야기와 그가 임금에게 끼치고 있는 나쁜 영향에 대해서 말을 할 생각을 하지 않고 있었는데 폐하는 그를 대단히 증오하고 계시오. 나는 서재필의 말이 나왔을 때처럼 임금이 분개하는 것을 본 일이 없소. 그는 조용하고 평화로운 성격의 사람인데 화가 나서 얼굴이 붉어지는 것을 보았소. 나는 아직 서재필을 반대하는 이야기나 행동을 취한 일이 없소. 그러나 그가 만일 세상에서 가장 유식한 사람인양 자신을 높이고 바보스러운 행동을 계속한다면 나는 그가 그렇게 사랑하는 미국으로 돌아가도록 해 줄 것이오. 내가 폐하의 측근에게 듣건대 서재필이 이윤용·심상훈 등과 함께 대원군과 비밀히 연락을 취하고 있다고 하오. 그래요. 그렇게 하라고 하시오. 서재필은 러시아 사람 몇 명, 그리고 나를 죽일 수 있을지는 모르오. 그러나 러시아는 조선에 손을 대고 있고 그 손은 힘이 세다는 것을 알게 될 것이오."

고종에게 친러파 관리들이 서재필을 참소하였기 때문에 고종은 그에

게 반감을 가지고 있었다. 뿐만 아니라, 스페이어는 서재필을 러시아의
세력을 제거하려는 인물로 지목하고 추방할 생각을 하고 있었던 것이
다. 스페이어의 이러한 생각은 생각에 그치지 않고, 한국정부와 미국공
사관에 서재필 추방을 종용했다. 미국공사 알렌Allen도 서재필의 귀국을
권고했다. 서재필은 당시의 상황을 이렇게 회고한다.

국가의 권리에 대한 러시아의 침해와 국왕을 에워싸고 있는 친러파의 선
동을 받아 고위직에 오른 사람들의 면면에 대한 반대의 의견이 형성되
기 시작했다. 사람들의 의식이 개혁되고 있다는 이 표시로 인해 러시아는
걱정하기 시작했고, 시간이 지남에 따라 국왕과 그의 내각도 걱정을 하
게 되었다. 그들은 이 모든 것에 대해 내가 여론을 조성하고 국가의 이익
에 영향을 미치는 공식적 명령에 대해 반대하는 비판을 제기했기 때문이
라고 나를 비난했다. 관료들은 점차 대중강연과 토론에 불참했고, 러시아
인들은 나에게 냉담하게 대했다. 몇몇 미국인들조차도 내가 러시아 대표
를 비판하고 국왕과 친밀한 사람들에게 공개적으로 비난하는 행동을 취
한 것은 현명하지 못한 일이라고 생각했다. 실Sill 씨 다음으로 미국공사를
맡은 알렌은 나에게 한국은 미국처럼 될 수 없다며 좀 더 외교적으로 처
신하라고 종종 주의를 주었다. 내가 그러한 노력을 계속 한다면 종국에는
실패할 뿐만 아니라 나 자신과 가족에게 해를 입히게 될 것이라고 말했
다. 그는 말하길 국왕도 나를 반대하고, 러시아공사도 나를 반대하고, 일
본공사도 내가 그들의 고압적인 대對한국 정책, 특히 황후를 시해한 것과
박영효가 일본의 끄나풀 노릇을 하지 않았다는 이유로 그를 쫓아 낸 것에

대해 비판을 하기 때문에 나를 반대한다고 했다. 한국 국민들은 나를 신뢰하고 나의 동기를 존중하지만 나를 돕거나 보호해 줄 힘은 없었다. 미국공사는 나에게 나의 안전과 가족의 안전을 위해 미국으로 돌아가라고 부탁했다. 나는 내가 떠난 뒤 내 자리를 대신할 사람이 생기면 언제라도 그만두겠다고 그에게 말했다.

마침내 대한제국 정부는 1897년 12월 서재필을 중추원 고문직에서 해임하기로 하고, 미국공사관에도 그의 추방을 교섭하였다. 12월 13일 외부대신 조병식趙秉式이 알렌을 찾아갔다. 그는 알렌에게 한국정부는 서재필을 해임할 예정이라면서 이를 해명하는 공문을 보내기 전에 친구로서 찾아왔다고 했다. 또 고종황제의 말도 전했는데, 러시아공사관에서 서재필의 해임을 요청해 왔으며 그를 해임하더라도 미국공사관에서 불쾌감을 갖지 않기를 희망한다는 것이었다. 조병식은 알렌에게 서재필을 비방하면서 이렇게 말했다.

"아시다시피 서재필은 1884년 갑신정변의 역적이며, 불청객으로 귀국해서 1895년 역적 내각(김홍집 내각)의 고문관으로 10년의 고빙계약을 체결했습니다. 그는 자기가 발행인으로 있는 『독립신문』에서 정부를 비난 중상하는 기사를 게재했기 때문에 우리는 더 이상 그를 필요로 하지 않습니다."

알렌은 이미 서재필을 만나보고, 그는 당초 한국정부와 10년간의 고빙계약을 체결했으므로 나머지 8년간의 봉급을 지불해 준다면 중추원 고문관직을 그만둘 작정이라는 말을 전했다. 서재필은 그 무렵 한 미국

광업회사로부터 좋은 조건으로 회사의 통역관 겸 전속 외과의사로 와달라는 초빙을 받고 있었다. 조병식은 서재필이 한국에 머무는 자체를 반대했지만, 알렌은 해직 후 그가 한국에 머물 것인가 떠날 것인가는 전적으로 그 자신이 결정할 문제라고 반박했다.

외부대신 조병식은 1897년 12월 13일자로 미국공사 알렌에게 조회 공문을 보냈다. 서재필을 미국정부로부터 초빙한 것도 아니고, 미국정부가 추천한 것도 아니므로 그 계약 기간의 만기를 기다리지 않고 중추원 고문직에서 해고하겠으니 서재필의 계약서를 즉시 회수하여 보내줄 것을 요청하였다. 알렌은 다음 날짜로 보낸 회신 공문에서 서재필은 한국정부의 초청에 의해서 고문에 취임한 것이며, 미국정부는 외국에 고문을 추천하지 않는 정책이라고 하면서, 잔여기간에 대한 봉급을 지불하면 출국하겠다는 서재필의 의사를 전달했다.

조병식은 바로 그날인 12월 14일자로 신문발행의 관할부서인 농상공부대신 정낙용에게도 공문을 보내 서재필을 고문직에서 해임하였으니, 그가 발행하는 『독립신문』도 폐간하라고 요청하였다.

독립협회의 서재필 재류운동

독립협회는 1898년 4월 25일 정부에 서한을 보내 서재필의 추방을 반대하였다. 대한제국 정부는 의정부 참정 박정양 등의 이름으로 4월 28일 답장을 보내 서재필의 중추원 고문직 복직을 거부하였다. 이때 정부가 내세운 논리는 서재필이 인민의 개명진보에 큰 기여를 하였으므로 국가재정을 낭비한 것이 아니며, 서재필은 이미 해고되었으니 재류여부는 본인의 의사에 달린 것이고, 앞으로 국가의 독립기초사상을 확고히 다져 외국 고문관을 고용하지 않을 방침이라는 것이었다. 그러자 독립협회는 4월 30일 숭례문 안에서 만민공동회를 개최하고 서재필 추방을 반대하는 결의를 했다. 그리고 최정식·정환모·이승만을 총대위원으로 선출하여 정부와 서재필에게 각각 편지를 보내 서재필의 유임을 다시 한 번 호소하기로 하였다. 총대위원들이 서재필에게 보낸 편지는 다음과 같다.

아뢰옵는 것은 각하가 본래 우리나라 대대로 높은 벼슬을 지내온 후손으로 일찍이 갑과에 동과하고, 또 사관의 명을 받아 인방에 가서 졸업하고 돌아와 2~3동지와 더불어 우리나라의 자주독립의 기초를 창립코자 하다가, 일과 마음이 어긋나 외국에 떠돌면서 마음을 썩이고 피를 토하기 풍상을 지내여 다한 지 10여 년이었습니다. …… 다행히 갑오경장의 기회를 만나 …… 고종께서 중추원고문의 명을 제수하셔서 어언 수년에 또한 동지군자와 더불어 독립문을 세우시고, 『독립신문』을 만들어 우리 이천만 동포형제들을 교도하고 점점 나아가게 하여 지금에 이르렀으니, 각하의 고심혈성을 곧 온 나라가 함께 듣고 보는 바입니다.
이번에 외국인 해고의 날을 당하여 각하도 또한 그 하나에 들어있으니, 그 억울한 감정은 여기서 언급할 필요조차 없으나, 들은즉 각하가 장차 호연히 행장을 꾸린다 하니 그 불가한 것의 큰 것이 한두 가지가 아닙니다. 대개 각하가 외국에 투적한 것은 진실로 만부득이한 데서 나온 것이오, 절절이 각하를 위하여 애석한 일입니다. 또한 각하의 조종분묘가 우리나라에 있고, 각하의 종친 친척이 우리나라에 있고, 각하의 영제가 또한 중한 직임을 맡았으니 각하가 어찌 차마 여기를 버리고 가려 하십니까. 첫째는 우리 대황제폐하의 호대한 은혜를 저버림이오, 둘째는 조상대대로 물려받은 은택을 잊음이오, 셋째는 우리 동포형제의 우의를 외롭게 함이 옵니다. …… 각하는 부모의 나라를 버리고 어느 곳으로 가서 천고불후의 이름을 세우려 하십니까. 만일 각하가 고집하여 마음을 돌리지 아니한 즉, 오직 우리 이천만 형제 중에 반드시 울분을 토하는 자가 있어 장차 이르기를, 각하가 단지 자기 자신만 위하는 꾀요, 중의를 돌아보지 않은 것이라 할 것입니다. 하물며 오늘날 만민공동회가 특히 각하의 떠남을 만류하려 하오니, 오직 각하는 세 번 생각하소서(『독립신문』 1898년 5월 5일 「만민공동회 편지」).

서재필은 만민공동회 총대위원들에게 5월 2일 답장을 보내 자신이 한국을 떠날 수밖에 없는 이유를 설명하였다. 『독립신문』 1898년 5월 5일자에 실린 답장은 다음과 같다.

먼저 여러분의 친밀한 정의와 국민을 생각하시는 소견을 듣사오니 공사 간에 매우 감격하오이다. 내가 마침내 떠나감을 여러분이 섭섭하게 생각하심도 또한 감사하온 일이오나 나의 사정을 여러분들이 자세히 알지 못한 연고로 나의 감을 만류코자 하심이라. 귀 정부에서 나를 임용하기 싫어 나를 해고하시고, 돌아갈 비용까지 주신 후에 내가 까닭 없이 귀국에 머무는 것은 다만 내 모양만 수치스럽고 통탄할 뿐 아니라 미국을 총대 표하는 공사도 또한 내가 염치 불고하고 있는 것을 마땅하게 여기지 아니할 터인즉 체면과 사세가 부득불 갈 수밖에 없고, 내 조종의 분묘와 종족과 친척을 떠나가는 것은 나의 사사로운 일이라 타인에게 관계가 없는 일이오.

대황제 폐하의 호의로 대하신 은혜를 저버린다는 말은 알 수 없는 것이 귀 정부에서 나를 고입하기에 내가 나의 사사로운 형편으로는 여기 있기 어려운 것을 생각지 아니하고 그동안 있어 내 힘껏 국민에게 도움이 되도록 말이나마 하였사오며, 지금 귀 정부에서 나를 쓸데없다 하시는 고로 또 물러가려 하는 것인즉 대황제폐하의 은혜를 내가 저버리고자 아니하는 것은 여러분들도 응당 짐작하실 듯 한 일이오.

대한에 그동안 사귄 친구가 많이 있어 면목은 모르더라도 마음으로는 서로 친한데 지금 떠나게 되오니 섭섭한 마음은 이루 형용하여 기록할 수 없으나 이러한 사사로운 정리로 하여 대한과 미국 정부를 총대한 관원들에게 불편을 끼치고 체면에 손상을 끼칠 수가 없는 일이요. 현재 대한의 형편으로는 인민의 처지가 타국과 달라 이런 사건으로 언론을 하여도 마땅히 있을 힘이 없는 것은 여러분들도 응당 그만하면 아실 듯 하옵니다.

이러한 계제와 사세에 처하여 나는 부득이 하여 귀 정부가 하시는 일을 공적인 일로 알고, 여러분들의 뜻은 감사하나 사사로운 일로 아는 고로 불가불 귀 정부의 뜻을 쫓아 내 행동을 작정하겠삽나이다.

『독립신문』 인계

『독립신문』을 인계하는 문제는 서재필의 중추원 고문직 해고가 정부에서 확정된 1897년 12월부터 제기되었다. 그는 독립신문사의 모든 시설을 현금 5,000원에 내어놓고, 인수조건으로 그 편집인은 자신이 지명하는 사람으로 해야 한다는 점을 분명히 하였다. 먼저 러시아 측이 좋은 조건으로 인수 의사를 보였지만, 서재필의 편집인 지명이라는 인수조건을 받아들일 수 없었고, 서재필도 러시아 측에 인계하기보다는 차라리 굶는 편이 낫다고 생각하여 이루어지지 않았다. 일본공사관 측도 인수 공작을 하였지만, 한국 정부에 인수시켜 폐간시키려는 이중적 태도와 본국 정부의 거절로 성사되지 못했다. 대한제국 정부도 윤치호의 권고와 일본공사의 권고로 인수를 검토하였으나, 서재필이 추방되면 자연 폐간될 것으로 보고 이에 응하지 않았다. 결국 서재필은 독립신문사의 소유권을 자신이 유지한 채 믿을만한 사람에게 맡겨 계속 발행하게 하는 방안을 채택했다.

1898년 5월 6일 저녁 7시경에 서재필은 윤치호를 찾았다. 윤치호에게 독립신문사를 맡기기 위해서였다. 그는 그보다 2살 아래였던 독립협회 동지 윤치호에게 말했다.

"자네가 독립신문을 맡아주게. 국문판과 영문판 모두 말이네. 백성들을 위해서도, 자네 자신을 위해서도, 그리고 나를 위해서도 꼭 그렇게 해주게. 이것은 지금 정부 아래서 대신을 하는 것보다 더 큰 일이고 더좋은 일이네. 러시아인들이 나에게 신문사를 1만 원에 팔라고 했지만,

신문사를 러시아인에게 팔기보다는 차라리 굶는 편이 낫지. 자네가 신문을 맡으면 정치와 사람들을 조심해야 하네. 신문을 맡아 1, 2년만 버텨주면 상황이 바뀔 걸세."

윤치호는 『독립신문』을 맡아 그 명성을 유지할 수 있을지 걱정이었다. 국문판은 그런대로 할 수 있다고 해도 영문판은 자신이 없었다. 그러나 서재필의 부탁은 윤치호에게 시대적 사명으로 느껴졌기 때문에 거절할 수는 없었다. 며칠 후인 5월 11일 마침내 윤치호는 독립신문사 인수계약서에 서명했다. 계약서에는 서재필 박사와 아펜젤러 목사, 그리고 윤치호가 1년간 편집자가 되었고 연봉은 각각 600원, 360원, 720원이었다. 서재필이 편집자 겸 명목상 사장이었고, 아펜젤러는 영문판 편집을, 윤치호는 국문판 편집과 독립신문사의 실제적인 운영을 맡기로 하였다.

윤치호는 『독립신문』을 인수한 소감을 1898년 5월 19일자 영문판에 이렇게 고백하였다.

내가 독립신문을 인수한 유일한 이유는 모든 가능한 방법을 다하여 오직 그 발행이 계속되어야 한다는 확신 때문이다. 독립신문의 국문판과 영문판을 통한, 특히 국문판을 통한 서재필 박사의 업적은 아무리 높이 평가해도 지나치지 않다. 국문판을 통해서 그는 압박받는 한국인들에게 모든 인간이 태어날 때부터 평등하다는 사실을 가르쳐 주었다. 그는 한국인들에게 자신들은 국왕과 양반들에게 부림을 당하는 소와 말이 아니며, 양도할 수 없는 권리와 번영은 우연히 길에서 줍는 것이 아니라 오랜 노력과 연구와 투쟁을 통하여 얻는 것이라는 사실을 가르쳐 주었다. 그는 한국인들에게 그들이 만약 이러한 권리들과 번영을 누리기를 원한다면 그들은 이를 위해서 일해야 하며, 아니 투쟁해야 한다는 사실을 가르쳐 주었다. …… 서재필 박사는 이제 떠나야 한다. 독립신문도 중단되어야 할 것인가? 독립신문은 여전히 필요하고, 우리가 그것을 절실히 느끼는 한, 우리는 독립신문을 계속하지 않으면 안 된다.

다시 조국을 떠나며

서재필은 대한제국 정부로부터 1898년 4월 26일에야 계약 잔여기간의 봉급을 받고 해고 통고를 받았다. 그는 『독립신문』 경영을 윤치호에게 맡기고 5월 14일 부인과 함께 다시 한국을 떠났다. 그가 떠나는 용산 나루에는 독립협회 회원들과 배재학당 협성회 회원들, 정부의 일부 관리들, 그동안 사귄 외국인들이 전송 나왔다. 서재필은 그들과 석별의 정을 나누며, 그들 앞에서 이렇게 고별 연설을 했다.

"여러분은 대한 독립의 기초를 튼튼히 하고, 임금에게 충성하며, 2천만 동포 형제들을 사랑하여 대한 자주의 권리를 견고케 하며, 나라를 잘 도와 점점 부강케 하고, 용맹한 마음을 내어 나라를 위하여 죽기를 작정들 하고, 차차 앞으로 나아가 세계 만국에 동등한 대접을 받고, 다시는 외국 사람들에게 업신여김을 받지 말기를 바랍니다."

그는 이렇게 연설하며 마음을 억제하지 못해 눈물이 비 오듯 하고 목이 메여 말을 다하지 못하였다.

그는 인천에서 배를 갈아타고 일본 고베를 거쳐 6월 4일 요코하마에 도착했다. 요코하마에 미국 가는 배가 6월 9일에 있었으나, 승객이 너무 많아 선실을 구할 수가 없어 6월 28일 배로 떠나기로 했다. 그는 일본에서 여러 신문 기자들을 만나 『독립신문』에 대한 좋은 평판과 이 신문이 계속 발간되기를 바란다는 말을 들었다. 그리고 그곳에 있던 유학생들을 만나보았는데 학비가 없어 어렵게 지내는 유학생이 20명쯤 되었다. 그는 독립협회 보조금을 주일공사 이하영에게 주어 어려운 학생들에게 공평하게 나누어 주라고 부탁했다.

　그가 미국에 돌아가서 독립신문사에 보낸 1898년 9월 17일자 편지는 조국에 대한 그의 바람이 무엇이었는지를 분명하게 보여준다.

　"나는 몇 만 리 밖에 있어 주야로 축수하는 것이 어서 바삐 대한 대소 인민이 어둡고 더러운 옛길을 버리고 밝은 대로를 찾아 나라가 세상에서 대접받으며 인민의 지식과 재산이 늘어 행동거지와 의복·음식·거처가 세계 개화국 인민들과 동등해지기를 축수하며, 대한이 이렇게 되도록 인도할 선생들은 독립협회 회원들인 줄 믿고 바라노라."

　서재필의 독립협회 회원들에 대한 기대와 바람을 보여주는 대목이다. 그가 한국을 떠난 뒤 그의 개혁운동은 결실을 보지 못한 채 독립협회의 해산과 함께 실패로 끝나고 말았다. 하지만 그가 뿌려놓은 개혁의 씨앗은 결코 사라지지 않았다. 그 후에 전개된 국권회복운동이나 애국계몽운동과 그 지도자들은 모두 그의 영향을 받았다고 할 수 있다.

08 미국에서 망국의 소식을 듣다

의사에서 사업가로

서재필은 부인과 함께 일본을 거쳐 미국에 돌아왔다. 그 때 마침 미국은 쿠바 문제로 1898년 4월 말경부터 스페인과 전쟁 중이었다. 그런데 쿠바로 출전한 미군 병사들 사이에 황열병이 유행하여 전사자보다 병사자가 더 많아졌다. 그러자 미군은 월터 리드 박사를 대책위원장으로 하여 군의를 쿠바에 파송하였다. 리드는 서재필이 미육군 군의참모부 의학연구소 조교로 있을 때 소장으로서 병리학·생화학·세균학 등을 지도해 주었던 사람이었다. 그는 제자인 서재필을 찾았으나 찾지 못하고 쿠바로 향했다. 서재필이 워싱턴에 돌아와 이 사실을 알았으나, 리드의 부대에 들어가기에는 이미 때가 늦었다. 그래도 그는 미군 군의로 자원입대하여 쿠바에서 실려 오는 부상병을 치료하였다. 전쟁은 3개월 만에 미국의 승리로 끝나 그해 12월에 제대했다.

군대 복무를 끝내고 다시 병원 개업을 하기 위해서 준비하던 중 펜실베니아대학 부속인 위스타 해부학 및 생물학 연구소Wistar Institute of Anatomy and Biology에서 연구원으로 초청을 받고 그곳에 취직하였다. 연구생 생활은 그의 적성에도 맞았고 경제적으로도 안정되었다.

서재필은 1904년 위스터연구소를 사임하고, 해리 힐맨 아카데미 1년 후배인 해롤드 디머Harold Deemer와 함께 윌크스베리에서 인쇄 문구 사업을 시작하였다. 사업은 성공적이어서 이듬해인 1905년에는 필라델피아 분점을 내고, 필라델피아 시의 인명록 겸 상공록에 수록될 정도였다. 상회의 이름은 '디머 앤드 제이슨 상회Deemer and Jaisohn'였다. 서재필은 필라델피아 분점을 맡고, 디머는 윌크스베리 본점을 맡아 관리하였다. 두 사람이 5천 달러를 합자하여 조그마한 방에서 여자 사무원 1명으로 시작한 회사가 1914년 무렵에는 큰 건물로 이전하고, 50여 명의 사무원을 거느리는 15만 달러의 가치로 확대되었다.

1913년까지는 디머와 동업자였으나, 1914년부터는 상호도 '필립 제이슨 상회Philip Jaisohn & Company'로 바꾸고, 서재필이 사장이 되어 단독으로 경영하였다. 서재필이 다시 독립운동에 뛰어드는 1918년 말 무렵에는 필라델피아 시의 번화가인 체스넛가에 본점을 두고 래이스가와 스프루스가에 분점을 둔 상당히 번창하는 인쇄 문구 사업체였다. 그는 성공한 사업가로 그 지역 유지들과도 폭넓게 교제하였으며, 여러 해 동안 필라델피아 사업자회의 회계 임무도 맡아 보았다. 그의 미국인 친우들 가운데는 필라델피아 시장이었던 토마스 스미스와 같은 정치가와 필라델피아에서 가장 큰 교회의 장로교 목사인 풀로이드 탐킨스 같은 종교인, 밴 로딘 판사 같은 법률가도 있었다.

필립 제이슨 상회가 있던 자리

서재필은 이 시기의 일을 이렇게 기억한다.

"내가 미국에 다시 돌아와 보니 3년간이나 의학과 인연을 멀리하고 있었던 만큼 그 길에 낙후된 느낌을 금할 수 없었다. 나는 다시 대학의 연구생이 되든지, 아니면 다른 일을 해야만 했었다. 그때 마침 펜실베이니아에 사는 한 학교 친구가 인쇄업을 경영하니 같이 해 보자고 하여 나는 그와 함께 사업을 시작하게 되었다. 우리는 소규모로 시작하였으나 점차로 업무가 확장되어 1919년까지 여러 해 동안 필라델피아에서 상당히 큰 사업을 하였다."

서재필이 디머와 인쇄 문구사업을 시작한 바로 이듬해인 1905년 어느 날 배재학당에서 가르쳤던 제자 두 사람이 그를 찾아왔다. 이승만과 윤병구였다. 이승만은 정부에서 독립협회를 해산하려 할 때 저항하다가 체포되어 옥고를 치르다가 탈옥하였다. 그러나 다시 체포되어 1904년에야 출옥하고 유학차 도미하였다. 윤병구는 신학을 공부하고 하와이 이민자들을 따라와 그들 가운데서 목회를 하고 있었다. 이승만은 1904년 11월 하와이 호놀룰루에 도착하여 옛 친구 윤병구를 만나 러일전쟁에 휘말린 조국의 소식을 전했다. 이승만은 미국에 건너오기 전에 한규설 대감과 민영환을 만났다. 그들은 이승만에게 러일전쟁에서 어느 나라가 승리하든 간에 피해자는 한국이라고 탄식하였다. 국내에서는 이것을 막을 도리가 없으니, 미국에 가면 하와이로 이민한 동포들과 필라델피아에 살고 있는 서재필을 만나 그들의 도움으로 미국정부에 1882년 맺은 조미수호조약대로 조선의 독립을 보장해줄 것을 호소해달라고 부탁하였다.

이승만과 윤병구는 하와이 동포들의 지원을 받아 미국 대통령에게 제출할 진정서를 만들어 서재필을 찾아갔다. 고국의 사정을 들은 서재필은 기꺼이 그것을 영어로 번역해 주었다. 그들은 이 진정서를 가지고 루즈벨트 대통령을 찾아갔지만, 한국공사관을 통해서 제출하라고 접수마저 거부당했다.

당시 미국 대통령 루즈벨트는 매우 친일적인 인물이었다. 그는 1905

년 1월 28일 국무장관 해이Hay에게 문서를 보냈다.

"우리는 도저히 일본에 반대하여 한국인들을 위해 개입할 수 없다. 한국인들은 자신을 방어하기 위해 주먹 한방도 날릴 수 없다."

그리고 그 며칠 뒤에도 곧 러시아로 발령받을 예정인 이탈리아주재 미국대사에게도 편지를 보낸다.

"일본은 스스로의 힘으로 도저히 자립할 수 없는 모습을 보여 왔던 한국을 보호국으로 삼아야 한다."

같은 해 7월 27일 일본 도쿄에서 열린 미국 육군장관 겸 대통령 개인 특사 태프트William H. Taft와 일본 수상 가쓰라 다로桂太郎의 회담에서 비밀 협정을 맺었다. 이 비밀협정의 주요 내용은 일본이 미국의 필리핀 지배를 인정하고, 미국은 일본이 한국을 보호국으로 삼는 것을 인정하는 것이었다. 일본은 루즈벨트 대통령이 중재하여 같은 해 9월 5일 러시아와 맺은 러일전쟁의 강화조약인 포츠머스조약에서도 한국에 대한 우월권과 보호권을 인정받았다. 그리하여 마침내 일본은 1905년 11월 17일 한국에 '보호조약' 체결을 강요하여 외교권을 강탈하였다.

이것은 1904년 2월 일본이 러일전쟁을 일으켰을 때부터 서재필이 이미 예상한 일이었다. 러일전쟁이 일어난 지 두 달 후에 이승만에게 보낸 편지에서 그는 이렇게 예견하였다.

"한국이 스스로 노력하면서 다른 나라의 도움을 받고자하지 않는 한, 일본이나 어느 나라도 한국을 도와주지 못할 것이오. 만일 한국이 계속하여 어린애같이 행동한다면 한국은 필경 어느 다른 나라의 속국이 되어버릴 것이오."

『대도』창간호에 보낸 편지

『대도大道』는 미국 샌프란시스코 한인감리교회에서 1908년에 창간한 월간지이다. 그 주필은 감리교 감독이 된 양주삼이 맡고 있었다. 양주삼은 서재필에게 편지를 보내『대도』창간호에 실을 글을 기고해 달라고 부탁했다. 서재필은 글을 쓸 시간을 내기 어렵다고 회답했으나 양주삼은 다만 몇 줄이라도 '우리 동포에게 유익한 말'을 해달라고 간곡히 부탁했다. 이를 거절할 수 없어 서재필은 그러면 영어로 쓰는 것이 쉽다고 하며 영어로 글을 써 보냈다.

양주삼은 이것을 한글로 번역하여 실었다.

귀하의 편지의 뜻을 보매 나로 하여금 무슨 말이든지 귀보를 보는 여러 한인에게 실제상으로 유익할 말을 하라 하였으니, 내 생각에는 이 아래 몇 마디 간략하게 기록한 말이 제일 긴요하여 어느 한인이든지 마땅히 항상 마음에 새기고 그와 같이 행해야 될 것인 줄로 아나이다.

이 나라에 옛 말이 있으니 말하기를 '만일 네가 너를 도우면 사람마다 너를 도와주리라'하는지라. 이 말이 한 오랜 옛 말일뿐더러 용이한 속담 같지만, 실상은 이것이 참 이치며 또 그 말을 돌이켜 '네가 너를 돕지 않으면 너를 도울 자가 없으리라' 하여도 또한 참 이치가 될지니, 우리는 이 명담을 변하여 말하기를 '만일 네가 너를 공경하면 사람마다 너를 공경할 터이고, 만일 네가 너를 공경치 안으면 너를 공경할 자가 도무지 없으리라.'합니다.

금일 한국이 남의 도움과 공경을 받아야 되게 되었으나, 그러나 우리가 이 일을 일국사로 생각하기 전에 먼저 일 개인의 일로 생각해야 될 것은 개인이 합하여 나라를 이룸이라.

한인이 남에게 도움과 공경을 받아야 될 것은 명약관화한데 한인이 공경과 도움을 받는가 하고 물으면 진실한 대답은 의례히 받지 못한다 할 터이니 무슨 까닭인가? 이것은 다름이 아니오 다만 한인이 스스로 돕지 않고 스스로 공경치 않은 까닭이라. 이 말이 한인들을 책망함이 너무 과격한 듯 하여 혹 어떤 이는 아프게도 생각하며 혹 원망도 할 듯 하나 우리가 이 말을 원망하기 전에 잠깐 과거 역사를 상고하여 보면 이 말이 실상인가 혹 불공평한 말인가 알겠도다.

세계 문명국이 힘써 실행하고자 하는 희망이 여러 가지 있으니

1은 종교나 도덕을 발달케 하고자 함이오.

2는 지식을 배양코자 함이오.

3은 신체를 강하고 건장케 함이오.

4는 물질적 재산을 모으고자 함이오.

5는 정부를 완전하게 조직하여 자기와 온갖 동포가 보호를 받아 무슨 압제 속에든지 들어가지 않게 하고자 함이라.

문명국은 오늘날에도 이 몇 가지 목적을 위하여 열심 경쟁함이 저의 조상이 백 년 전에 경쟁한 것과 같이 하니 그의 수고하는 결과로 오늘날 구미 각국에 있는 몇 백만 명 남녀가 행복을 누리는 지라. 이 세상 어디에서든지 어떤 사람의 자손이든지 막론하고 받을만 하게 된 사람은 도와주려고 예비하고 있는 이가 많을뿐더러 그러한 남녀는 부하고 강한 나라

국민이 가는 곳마다 공경을 받느니라.

한인들도 이 몇 가지를 실행하려고 열심 극력하여 봄이 있으며 또 그 희망을 성취하려고 생명이든지 재산이든지 자기에게 귀한 것을 버려봄이 있었는가? 그러함이 없었을 뿐더러 그 희망을 성취하면 큰 복락이 뒤에 있는 줄을 알지 못하였느니라.

우리가 한인의 할 수 없이 된 정형을 슬퍼도 하며 동정도 있지마는 슬퍼하며 동정이나 표하는 것으로는 결단코 그 정형을 개량케 할 수 없고 다만 한인이 무식한 완고의 꿈을 깨며 사특한 이단의 굴레를 벗어 버리고 새 생명과 새 사상을 가져야만 되리라.

그리하려면 첫째로 마음과 신체를 정결케 하며 무슨 생각과 무슨 일에든지 진실과 공평으로 주장을 삼아 그리스도교가 저로 하여금 고등 사상과 덕행에 물들게 하여 동포가 서로 합동할 정신을 주며 아직껏 얻지 못한 큰 권세와 힘을 얻을 줄로 믿을 것이며, 무슨 일이든지 자기 양심에 옳은 대로만 행하여 자기가 자기를 수모하는 지경에 이르지 말 것이니 사람이 만일 자기 양심에 불가한 것을 행하면 다른 사람은 더 불가게 여길 터이고 또 정죄하리라.

대개 큰 사람을 이루는 기초는 스스로 공경함인데 사람이 만일 부당한 일을 행하면, 그 속에 있는 영혼이 그 몸을 공경치 않을 터이고, 또 자기 신체나 외모가 부정하여도 공경치 아니하리라. 사람마다 정결한 신체가 있어야 될 것이 정결한 사상이 있어야 될 것과 같으니 세체와 범절에 정결한 이는 정결한 사상이 있을 터이고, 정결한 사상이 있는 이는 정결한 행위가 있을지니라.

사람이 외모와 행위와 마음이 정결한 때에는 비록 지극한 원수라도 그 사람을 공경할 것이오. 또 부자만 정결케 할 것이 아니라 비록 제일 가난한 사람이라도 원하기만 하면 능히 할지니 값이 많지 않은 옷이라도 추하지만 않으면 정결한 것이오. 또 노동한다고 공경을 받지 못할 것이 아니라 진실하게 직책만 잘 하면 공경을 받을 것이니, 이 세상에 제일 유명한 인물들도 거의 미천한 데서부터 났느니라.

만일 누구든지 진실한 그리스도교인이 되어 외모를 정결케 가지고 학문을 위하여서든지 상업을 위하여서든지 무슨 큰 덕목을 이루려고 곤란을 참고 견디며 일을 부지런히 잘 하면 도와줄 이도 있겠고 공경할 이도 많으리라. 또 검박하고 총명하게 경제함은 상업을 성취하는 데 근본이니 사람이 인색하게는 굴 것이 아니로되 항상 자신의 수입하는 것을 헤아려 쓰는 것을 절차 있게 경제해야 될지니 만일 사람이 저 살 것을 생각지 않으면 누가 생각하여 주리오.

공부할 때 무슨 문제든지 재미있는 것을 다 힘써 알되 특별히 한 가지 전문을 배워야 이후에 사업이 될지라. 오늘날 이 세계는 전문을 숭상하는 세계니 한 가지를 전문으로 졸업한 것이 이후에 자기 일신상과 전국에 대하여 유익함이 온갖 것을 대강 알기만 한 것보다 나으리라. 또 사람이 혹 일을 하든지 공부를 하든지 마음을 다하고 뜻을 다하고 힘을 다하지 않으면 성공할 수 없는 것이 분명한 것도 항상 생각할지니라.

온 세계에 무슨 일에든지 인도자가 있으되 따라오는 자가 없으면 인도자가 혼자서 그 일을 성공치 못하나니 인도자와 따라오는 자가 같이 서로 그 정한 바 목적을 이룰 줄로 믿어야 될지니라. 미국과 하와이섬에 있는 한인들이 자기의 조국을 참으로 사랑함과 외국에 와서 새 지식을 배움과 새 사상을 얻음으로 이후에 한국을 개신하는 데 제일 요긴한 일을 하려니와 애국사상으로 서로 믿으며 서로 사랑하며 서로 합하여야 될지니라. 내가 한 마디로 말할 것은 그 여러 한인들이 마음 가운데 높은 덕목이 있어 오늘 저렇듯이 고상하고 수치를 당하는 동포들을 그 가운데서 구원할 자가 되기를 간절히 바라노라.

필립 제손(『대도』1-1 1908년 12월).

09 조국의 독립을 위해 다시 일어서다

영문잡지 『코리아 리뷰』 발간

서재필이 다시 조국의 독립운동에 뛰어들 생각을 한 것은 제1차 세계대전이 끝난 1918년 말 무렵부터였다. 그는 당시 대한인국민회 중앙총회장을 맡고 있던 안창호에게 편지를 보내 한국사정을 세계의 여론에 호소할 수준 높은 영문잡지를 발행할 것을 제안하였다. 1918년 12월 19일에 보낸 이 편지는 안창호 앞으로 보내기는 했지만, 사실은 안창호를 비롯한 미주에 거주하는 한인동포 전체에게 보내는 편지였다.

나의 마음속에 있는 그 일을 한국동포들과 의논코자 하는 것은 대략 다음과 같습니다. 각하(안창호)께서 아시는 바와 같이 …… 어떤 국가나 민족을 물론하고 다 스스로 그 생명을 보호할 권리가 있습니다. 이 세계에 오직 한국밖에는 그 생명을 보호하는 장기나 혹 기관이 없는 나라는 달리 없습니다. 그러므로 한국은 정복주의나 제국주의의 밥이 되었소이다.

오늘날 한국이 일본의 밥이 되어 그의 모든 권리가 박멸되었고 그의 백성들이 승전국의 노예가 되어 구차한 생명을 보전하였으나, 그러나 아직까지 누군가가 일본의 불공평한 학대를 항거하여 스스로 보호하고자 하는 자가 없으며, 또 누군가가 동일한 힘으로 그 육체와 영혼을 결박한 일본의 무거운 굴레를 벗기를 꾀하는 이도 없습니다.

내가 아는 바로는 이 세계에 한국의 친구가 참 마음으로 한국을 돕고자 하며 한국의 사정을 위해 세계에 여론을 일으킬 자가 없으니, 그 이유는 한인들이 스스로 그 원통한 사정을 말하지 않기 때문이라. 그러므로 바깥 세계에 관하여는 누군가 한인을 위하여 불쌍타 동정을 표하는 자가 없도다. 이와 같은 현상에 대하여 장차라도 한인에게 대하여 동정을 표할 나라는 없을 것이로소이다.

…… 그런데 지금 현상에 대하여 한국을 위하여 세계의 동정을 일으킬 자는 오직 해외에 나온 한인들이라. 그 이유는 저들이 모든 정세와 형편을 국내 동포보다 잘 알며, 저들이 있는 처지가 능히 한국의 비참한 사정을 자유로이 발표할 수 있는 것이 국내에서 일본인들의 모든 제한을 받는 한인들에게 비교도 되지 않기 때문이라.

우리는 아직 일본인과 병력으로 싸울 수 없으며 또 물질력으로 싸울 수 없는즉 오직 우리는 붓과 공의로 싸워 세계에 일본이 한국백성에게 불공정한 행동하는 것과 한인이 어떠한 처지에 있는 것을 널리 알릴 일뿐이라. 이렇게 하는 것이 몇 가지 목적을 성취할 것이니, 첫째 이 세계가 장차 한국의 사정을 알므로 이 세계 민족 가운데 공의와 올바른 이치를 사랑하는 자들은 다 한국의 친구들이 되어 한인으로 더불어 깊은 동정을 나타낼 것이며, 둘째 한인의 잡지가 일본의 한국 정책을 폭로하면 장차 일본으로 하여금 장차 한인을 잘 대우하겠다는 생각이 생기게 할 것이라.

…… 내가 하고자 하는 것은 미주에서 제일 고등한 영문잡지를 시작하되, 한국·일본·중국의 역사상과 현시의 정황과 형편을 게재하고자 함이니, 이러한 기관으로 우리는 세계의 눈앞에 한국이 어떻게 일본에게 압제를 당한 것과 일본이 어떻게 한인을 대우하는 사실을 들어내고자 함이라. 이것이 우리의 마땅히 또 능히 만들어 놓을 만한 기관이며, 또는 우리가 이것으로 능히 해외나 해내에 있는 한인의 생명을 보호하리라

영문잡지 발행을 시작하려면 돈·조직·사람이 있어야 하는데, 사람은 미주 동포들 가운데서도 택할 수 있고, 조직도 몇 해 동안 해온 인쇄사업 경험으로 서재필 자신이 담당할 수 있으나, 자본이 문제라고 호소하고 있다. 이런 잡지를 발간하려면 적어도 50만 달러가 필요한데, 동포들에게 1주에 50달러짜리 주식을 발행하여 1만 명의 주주를 모을 수 있도록 협조를 당부했다. 그리고 민찬호와 정한경을 통해 안창호에게 자세히 설명하도록 부탁했다. 이 제안은 안창호가 1919년 1월 4일 임시국민대회에 상정했으나, 동포들의 생활상황에 비추어 현실성이 없다는 이유로 부결되었다. 서재필은 이 안이 국민회에 받아들여지지 않은 것을 안타깝게 생각하고, 자본금 총액을 절반으로 수정하여 다시 정한경을 직접 보내 2월 24일 제3차 중앙위원회에 상정하였다. 정한경은 이 위원회에 출석하여 서재필의 계획을 설명하고 의결을 호소했다.

"서재필 박사의 영문잡지 발간의 의견은 오늘 우리의 외교상에 가장

필요한 일입니다. 그러므로 여러 차례 서재필 박사와 그 계획을 협의했는데 서재필 박사의 계획은 총 자본은 25만 원으로 정하고 이를 2천 5백주로 나누어 북미 하와이 재류 동포에게 1주에 50원씩 모집하여 자본 총액을 채운 후에 이 자본으로 서재필 박사 소유의 문방구점을 사서 이익을 늘리고, 그 이자를 가지고 잡지를 발간하면, 서재필 박사는 자본금 7만 원을 내어놓기로 하였으니, 영문잡지 발간은 장차 실행될 수 있을 것입니다. 국민회 중앙총회는 이 사실을 다시 의결에 붙이기를 바랍니다."

『코리아 리뷰』

　서재필이 자신의 사업장까지 이 일을 위해 넘기고 7만 달러를 투자하겠다고 제안한 것이다. 그러나 이 제안도 그 필요성은 인정하지만, 25만 달러의 자본도 동포들이 마련하기 어려울 것이며, 국민대회에서 부결한 안을 임시위원회에서 다시 의결할 수 없다는 의견이 많아 거부하였다. 그러나 서재필은 영문잡지의 발간계획을 쉽게 포기하지 않았다. 그는 한인동포들의 자발적인 협력을 얻어 독자적으로라도 이런 잡지를 발간하고자 1919년 2월경 뉴욕한인들이 모인 자리에서 잡지발간의 취지를 설명하고 모금을 하기도 했다. 결국 서재필의 이러한 영문잡지 발간계획은 필라델피아에 본부를 둔 대한민국통신부의 기관지로

1919년 6월부터 발간한 『코리아 리뷰KOREA REVIEW』로 이어졌다고 할 수 있다. 서재필은 이 영문잡지의 총주필을 맡았다.

제1차 한인회의(대한자유대회)

1919년 3월 3·1독립만세운동이 일어나자 이 소식은 미주동포 사회에도 곧바로 전해졌다. 3월 9일 중국 상하이에서 현순이 보낸 전보가 대한인국민회 중앙총회장 안창호에게 왔고, 이를 미주지역 동포신문인 『신한민보』가 3월 13일자 호외로 널리 알렸다. 안창호는 국민회 대표로 파리평화회의에 파송하기로 한 이승만과 정한경에게도 이 사실을 전보로 알리고, 서재필에게도 공식 전보를 보내 이번 일에 나서서 도와줄 것을 부탁하였다. 이 소식을 들은 서재필은 마음에 그렇게도 열망하던 조국의 자주독립에 대한 희망이 다시 일어났다. 사실 21년 전인 1898년 한국을 다시 떠날 때 한국 상황은 절망적이었고, 그 후에 일어난 1904년 2월 러일전쟁과 1910년 8월 일제의 한국강제병합으로 그의 예측은 그대로 들어맞았다.

"인천항을 떠날 때 내 뒤를 받들어주지 않아 한국인이 다 죽은 백성일 줄 알았습니다."

서재필이 그 때까지 한말 국권회복운동이나 독립운동에 관해서는 일정한 거리를 두고 있었던 것은 그런 이유에서였을 것이다. 그러나 1919년 3·1운동 소식을 듣자 그는 그 때의 심경을 이렇게 회고했다.

"살아 있는 백성인 것을 알았고 이런 백성은 반드시 자유독립을 하고 말 것으로 믿었습니다. 그래서 내가 연설도 하고 선전사업 활동을 시작하게 되었습니다."

"한국 백성이 죽음을 불사하고 일제에 저항한 것은 나의 기쁨을 억제할 수 없게 하는 것이었다. 동포에 대한 자부심이 불이 일 듯 하는 동시에, 내가 1896년부터 1898년 사이에 귀국하여 『독립신문』을 통하여 민중 앞에 뿌린 자유 사랑의 씨가 싹튼 것이 아닌가 생각이 들었다. 그렇다면 나는 최선을 다하여 열매가 맺도록 해야겠다고 결심했다."

그는 이러한 결심으로 꼭 영문잡지를 발행하고자 하였고, 한걸음 더 나아가 조국의 독립운동에 온 몸으로 뛰어들었다.

그가 가장 먼저 추진한 일은 국내 운동을 최대한 효과적으로 지원하기 위해서 각 지역 동포들과 유학생들을 모아 한인연합대회를 여는 것이었다. 그는 파리평화회의에 갈 여권 발급을 교섭하기 위해서 워싱턴에 와 있던 이승만·정한경 등과 함께 3월 하순부터 이 대회를 준비하였다. 처음에는 뉴욕에서 큰 연회를 열고 각국 신문기자들을 초대하여 서재필 박사와 이승만·정한경이 한국 상황에 대해서 연설하고 한국에 대한 동정 여론을 일으키려 하였다. 그런데 협의를 하는 도중 미국 독립의 발상지인 필라델피아에서 리틀극장The Little Theatre을 빌려, 1919년 4월 14일부터 16일까지 3일간 여는 것으로 계획을 수정하였다. 초청장은 3월 24일 서재필·이승만·정한경의 이름으로 보냈고, 4월 3일자 『신한민보』에도 「대한인 총대표회의 청첩」이라는 제목으로 실었다.

동포여 이때가 어느 땐가 우리 충애동지는 탄환을 대신하여 몇 만 명 목

제1차 한인대회가 열렸던 미국 필라델피아 시내 극장

숨을 버렸으며 여러 만 명의 무죄한 동포는 일인의 옥중에서 악형과 학살을 당하는 중이라. 우리 재외 한인들이 목숨을 버리며 피를 흘려서라도 당당한 대한의 독립을 회복하며 저 동포들을 물불 가운데서 건질 수만 있으면 하나라도 사양치 않을지라.

미주 동편 몇 지방의 동지가 수차 의논할 결과로 4월 14일부터 16일까지 필라델피아 성에서 북미대한인연합대회를 열고 미국 각 사업계·교회계·교육계·신문잡지계의 모든 단체적 대표될만한 신사 숙녀를 다수히 청하여 방청으로 참여케 하고, 서재필 박사와 다른 고명한 웅변 대가로 국어와 영어로 연설하여, 대한독립선고의 주의를 발표하며, 독립운동에 대하여 우리는 생명과 재산을 바쳐서 도울 뜻을 선고하며, 평화회의에 글을 보내어 독립을 승인하라 하며, 옥에 갇힌 충애지사를 일인의 악형과 학살에서 보호하라고 공포하며, 우리가 독립을 회복한 후에는 공화정체를 쓸 것과 외교·통상·선교 등을 할 때에 국제상 책임을 담임하며, 동양 평화와 만주개방을 보호한다는 뜻을 공포하며, 그 외에 몇 가지 문제를 첨부하여 순서를 정하고 연일 개회하여 세계에 알리겠으며, 마지막 날에는 다수한 미국 동지자들과 합동으로 이 도성의 큰 길로 국기를 받들고 행렬하여 독립관에 가서 큰 연설과 축사와 만세로 폐회할 터이외다.

이 일에 제일 긴요한 것은 미주 각처에 산재한 동포가 다수히 모여야 할지니, 남녀노소를 물론하고 무슨 책임을 불계하며 이때는 제백사하고 경비를 자담하여 한 사람도 빠지지 말고 참여하기를 저마다 주의할지라.

이 대회는 짧은 준비 기간과 열악한 여건에도 불구하고 서재필의 사회로 성공적으로 치러졌다. 미국 각 지방에서 모여든 한인 대표들과 학생들 약 150명이 참석하였고, 그 지방의 미국인 유지들 및 한국에 다녀온 선교사들도 몇 명 참석했다. 한인 대표들 가운데는 이승만·정한경·민찬호·윤병구 등이 있었고, 학생들 가운데는 임병직·김현철·장기영·조병옥·유일한 등이 참석했다. 미국인 유지들로는 톰킨스F.W. Tomkins 목사, 밀러H.A. Miller 교수, 샤드트A.J. Schadt 교수, 딘J.J. Dean 신부, 버코바이츠H. Berkowitz 유대교율법학자, 베네딕트G. Benedict 기자, 맥비 C. McBee 목사, 라이머Reimer 박사, 맥카트니McCartney 목사 등이 참석했고, 한국에 선교사로 나갔다 온 사람 중에는 쿡 부인Mrs. E.L. Cook과 데밍Mr. Demming이 참석했다. 이 회의에서는 한국 상황에 대한 강연과 지지 연설, 토론이 이어졌고, 각종 결의문과 호소문·청원서들을 결의하였다.

- 「대한민국임시정부에 보내는 결의문」
- 「워싱턴의 미국 적십자본부에 보내는 호소문」

- 「미국 국민에게 보내는 호소문」
- 「한국인의 목표와 열망」
- 「일본의 지성인들에게 보내는 결의문」
- 「미대통령과 파리강화회의에 보내는 청원서」

그 가운데 「미대통령과 파리강화회의에 보내는 청원서」의 내용은 다음과 같다.

해외에 살고 있는 모든 한국인을 대표하여 1919년 4월 14일부터 16일까지 펜실베니아 주의 필라델피아 의회에 모인 우리들은 1919년 3월 1일 조직된 2천만 이상의 전 한국인의 의지를 대표하는 대한민국임시정부를 승인해 줄 것을 여러분에게 정중하게 요청합니다.

대한민국임시정부의 형태는 공화정체를 취하고 있으며, 그 정부를 이끄는 정신은 민주주의입니다. 또한 주로 이 정부를 구성하고 있는 사람들은 고등교육을 받았으며 고매한 기독교적인 인격을 갖추고 있습니다.

우리의 유일한 목표는 민족을 위한 자결을 다시 얻어 기독교 민주주의라는 기본 이념 아래 자유 국민으로서 성장하는 것입니다.

한국은 1905년까지 독립된 나라였고, 1882년 미국은 한국의 독립과 영토보전을 보증해 주는 계약 당사국이었습니다.

우리는 국제 정의에 대한 여러분의 옹호를 믿으며, 항상 민주주의를 위해 또 약소국가들의 권리를 위해 그 편에 서 계시는 여러분들에게 이 요청을 드리는 것입니다.

우리의 청원에 대해 여러분의 우호적인 반응을 얻는 기쁨과 즐거움을 맛보게 해 주시지 않겠습니까?

깊은 존경을 가지고

정한경·윤병구·민찬호·서재필 직권으로

회의 마지막 날인 4월 16일 오후에는 서재필이 회의의 무기한 휴회를 선언하고 나서 참석자들이 각자의 손에 태극기와 성조기를 들고 필라델피아 독립기념관을 향해 시가행진을 하였다. 일단의 말을 탄 군대와 악대가 선두에서 그들의 행렬을 이끌었다. 독립기념관에 도착하자 서재필은 의원들을 미국의 독립선언서와 헌법을 서명하였던 방으로 안내하였고, 그곳에서 관장의 설명을 들었다. 서재필은 이승만에게 「3·1독립선언서」를 낭독하게 하고 다 함께 대한민국을 위한 만세삼창을 했다. 그 후 줄을 지어 '자유의 종'을 오른 손으로 쓰다듬으면서 지나가는 것으로 그날 오후 5시경에 전체 행사를 마무리하였다.

이 행사는 필라델피아의 유력 신문에도 보도되어 한국의 독립을 지지하였다. 특히 『필라델피아 레코드Philadelphia Record』는 1919년 4월 16일자 논설에서 이 대회의 취지를 적극 지지하면서, 미국이 한국에 대한 조약상의 의무를 지키지 않은 것을 비판했다. 같은 신문 17일자에도 대회 마지막 날의 시가행진과 독립선언 행사를 상세하게 보도하여 한국인들의 독립 열망을 널리 전파하고 여론화시키는 데 크게 기여하였다.

1919년 4월 16일 필라델피아 시가 행진을 마치고 주 의회 의사당(독립기념관)에
도착한 한인들

한국통신부의 설립과 활동

필라델피아에 본부를 둔 한국통신부The Bureau of Information for The Republic of Korea는 '제1차 한인회의' 이튿날인 4월 15일 서재필의 제안을 구체화한 것이었다.

"일본은 이곳에 훌륭한 통신사를 두고 있습니다. 그 통신사에는 높은 교육을 받은 학자들이 있는데, 그들은 일본정부와 일본 언론의 도움으로 활동하고 있으며, 일본 언론은 전전戰前의 독일 언론국과 함께 가장 감탄할 만한 것 중의 하나였던 것입니다."

"본인은 여러분들이 여기에 계시는 동안 이 문제에 대한 결말을 짓기 이전에 누군가가 한국인의 대의명분의 진실을 미국 대중 앞에 참되고 정확하게, 그리고 지속적으로 전할 수 있는 기능을 가진 미국 내에서의 한국독립연맹이나 혹은 어떤 다른 기구를 조직하는 문제를 심의할 위원회를 구상하는 제안을 했으면 합니다. 만약 …… 그것을 모든 이들이 힘을 모아 조직적으로 현명하게 또 지속적으로 수행할 수 있는 계획을 세운다면, 큰 성과를 거두게 될 것이고 당신들의 작업은 훨씬 더 쉽게 될 것입니다."

이 회의에 대표를 파송했던 대한인국민회는 진지하게 받아들이고 서재필이 새로 조직될 기관의 대표를 맡는 조건으로 이를 승인하였다. 서재필은 이승만이나 정한경을 대표로 추천하고 자신은 자문역을 맡고자 하였으나, 4월 19일 국민회 중앙총회 제20차 위원회에서 서재필을 외교고문으로 임명하고 필라델피아에 통신부 설립을 결의하자 이 기관의 책임을 맡기로 결단하였다. 그는 2년 후인 1921년 4월 18일자로 「대한 민족 남녀들께」라는 통고문을 보내면서 이때의 각오와 심경을 다음과 같이 서술하고 있다.

통신부가 설치되고 그 필요한 경비는 백성들이 내기로 담보하며 나의 제 일 좋은 의견대로 행하라고 나에게 맡기는 지라. 내가 이것을 맡을 때 두 가지 이유가 있으니, 첫째, 우리 민족의 속박된 것을 벗어 면할 자유를 얻으려고 한국에서 백성들이 목숨을 추하게 내려놓으며 피를 흘리는 이 때 내가 능히 조금이라도 할 것은, 나의 상업상의 이익이 덜 일더라도 나 의 시간의 한 부분을 이 일에 들이겠다는 생각이 났으며, 둘째, 나는 첫 번 한국의 자유와 정치개혁을 위해 모든 것을 다 희생하던 자들 중의 한 사람이라, 대한 백성들이 나의 복귀를 요구하는 이때 그 같은 일을 위하 여 나의 힘과 지식을 내겠다는 생각이 났소이다.

우리들이 한국에 돌아가서 우리 원수와 능히 싸우지는 못하더라도 미국 에서 우리가 정하여 놓은 계획을 가지고 능히 싸울 수 있도록, 내가 우 리 백성들의 명령을 맡아 일을 시작하였소이다(『신한민보』 1921년 6월 9일 「서박사의 통고문」).

서재필은 이 일을 동포들이 자신에게 맡기는 소명으로 받아들였던 것이다. 필라델피아 한국통신부는 4월 22일경 조직·출범하였다. 부 장은 서재필이 맡고, 서기 박영로(1920년 9월부터 김장호로 바뀜), 사무원 체스터Chester 등으로 구성되었다. 외교협찬원으로는 정한경·베네딕트

G.Benedict · 가터필Guthaphel 등이 참여했다. 서재필은 이 통신부의 부장이었으나, 공식적인 선전활동을 위한 여행경비 외에는 정기적인 급여를 전혀 받지 않았다. 그는 오히려 자신의 시간과 돈을 들여가면서 이 직책을 기꺼이 감당하였다.

서재필은 1919년 4월 29일 북미·하와이·멕시코 동포에게 다음과 같은 「선언」을 발표하여 이 통신부의 활동 방향을 천명하고 동포들의 지원을 호소하였다.

우리 국민의 생명이 위태하기가 한 터럭에 달린 이때 누구든지 마땅히 나라를 구할 생각 밖에는 다른 생각을 두지 말지니 그런고로 다른 모든 문제나 다른 모든 의견은 아무리 긴급한 일이라고 할지라도 현재 이 동안은 모두 우리의 조국을 구한다는 큰 문제 아래에 두어야 할지라.

이러한 마음을 가지고 나는 우리 국민의 대표자가 되어 우선 우리가 당하는 정황과 사실을 미국 공중에게 알리어 세계 앞에 내어놓는 일을 허락하였노라. 이번 필라델피아에 모였던 대한자유대회의 청함을 인하여 대한공화국통신부를 이 필라델피아에 두고 우리 국민회에서 부탁한 외교의 시설을 아래와 같이 하기로 작정하였노라.

(1) 대한에 관한 모든 소식을 모아 각 방면으로 미국 공중에게 알림.
(2) 우리 일을 위하여 동정과 도덕적 원조를 원하는 백인 친구들을 등록할 것이니, 그리하면 미국 국민 가운데 장차 우리 조국의 자유를 회복하기 위하여 일하며 또 우리와 같이 일할 견고한 단체가 있게 될 것이다.

(3) 인쇄하여 세상에 전파할 모든 문자를 본 통신부에서 살펴볼 것이니, 그리하면 대한인이나 혹 대한인의 친구들이 말하는 것이나 행하는 것이 모두 일치하여 더욱 유력할 것이다. 나는 이 목적을 이루기 위하여 두 주일에 한번이나 한 달에 한 번씩 상당한 문제를 가지고 글을 지어 자원하여 나라 일 하려는 인사들에게 나누어주어 미국 어느 곳에서든지 똑같은 말과 행동을 취하게 하려 하노라.

(4) 현재 오하이오 학생단에서 발간하는 영문잡지를 검열하여 우선 완전한 잡지가 되도록 힘쓰겠노라.

(5) 나는 각 지방에 헤어져 있는 우리 국민 사이에 아무쪼록 일치와 화목이 있도록 힘쓰려 하노니, 우리가 이러한 위기를 당하여 결단코 당파적 감정을 두지 말고 남자나 여자나 모두 마음과 뜻을 같이 하여 우리 조국을 멸망에서 구원하는 일에 힘을 다할지니라.

서재필은 이러한 약속대로 한국 독립에 대한 우호적인 여론을 형성하기 위해서 출판 언론 홍보 활동, 집회 강연 활동, 미국인 친한단체 조직 활동을 적극적으로 펴나갔다. 각지에 유력 외국인들로 한국친우회를 조직하고, 유학생들이 발간해 오던 영문잡지를 인수하여 한국통신부의 기관지로 『코리아 리뷰』를 매월 3,000부씩 발간·보급했던 것이다.

통신부의 운영경비는 1919년 9월까지 국민회가 담당하다가 10월부터는 이승만이 설립한 구미위원부에게 매월 800달러 내외를 지원받았다. 구미위원부의 통신부 지원은 이승만이 모든 정부외교는 임시정부가 담당해야 한다는 명분을 내세워 집정관 총재의 권한으로 1919년 8월 구미위원부를 설립하면서 이루어졌다. 애국금 수합 문제로 국민회와 구미위원부 사이에 갈등이 깊어지면서 통신부는 대한 국민회의 지원이 줄어들었고 구미위원부의 관할 하에 들어가게 되었다. 통신부와 구미위원부 간의 관계는 일정한 역할분담이 이루어지고 있었다. 구미위원부는 이승만이 미국정부를 대상으로 외교활동을 하기 위해서 워싱턴에 설립하였고, 필라델피아의 통신부는 미주 동포와 민간인을 대상으로 한 외교와 선전활동에 주력했다. 서재필은 협조하는 정신으로 구미위원부의 고문직도 겸임했다.

구미위원부 앞에서 이승만(왼쪽)과 서재필(오른쪽)

한국친우회 조직

한국친우회League of The Friends of Korea는 한국의 독립운동을 지지하고 성원하기 위해 외국인 유력자들로 조직된 단체이다. 이 단체도 서재필의 제안으로 이루어졌다. 필라델피아에서 '제1차 한인연합대회'를 성공적으로 마친 서재필은 그 회의 둘째 날 논의되었던 미국인들로 구성된 한국친우회 조직 계획을 국민회 북미총회장 백일규에게 1919년 4월 29일자 편지에 다음과 같이 써 보냈다.

우리들을 위하여 동정과 도덕적 원조를 지원하는 백인 친구들을 등록할
지니, 그리하면 미국 국민 가운데 장차 우리 조국의 자유를 회복하는 데
일하며, 또 우리와 같이 일할 견고한 단체가 있어 질지라. …… 우리는
이제부터 마땅히 전력을 다하여 통일적이고 조직적으로 우리 외교를 진
행하여, 일반 미국인의 동정을 일으킬 뿐만 아니라 나중에는 우리의 조
직하는 미국인의 유력한 기관으로부터 자기정부에게 대한공화국임시정
부를 승인하고 찬조하라고 권고하게 할지라(『신한민보』 1919년 5월 16일
「서재필씨의 편지」).

한국의 자유와 독립을 지지하는 미국인 유력자들을 조직하여 한국
의 독립운동을 후원하고, 그들로 하여금 미국정부에도 압력을 행사하여
대한공화국임시정부를 승인하고 원조하도록 하겠다는 것이다. 이 계획
에는 '제1차 한인연합대회'에 참여했던 톰킨스F.W. Tomkins 목사, 오버린
대학 사회학교수 밀러H.A. Miller, 『인터네셔널 뉴스 서비스International News
Service』 기자 베네딕트G. Benedict 등이 적극적으로 협력하였다.

한국친우회는 서재필이 활동하고 있던 필라델피아에서 가장 먼저 조
직되었다. 그는 톰킨스 목사와 함께 1919년 5월 2일 필라델피아 시티
클럽에서 종교계·교육계·실업계의 각 분야별 미국인 저명인사 22명을
초청하여 발기모임을 가졌다. 이 모임에서 서재필은 한국친우회 결성의
필요성을 역설하고, 톰킨스 목사·베네딕트 기자와 함께 발기위원으로

미주리주 캔사스시티에 결성된 한국친우회

선출되었다. 이들의 준비를 거쳐 1919년 5월 15일 리딩Reading 시 라자Rajah극장에서 대규모 대중 집회를 개최한 후 5월 16일에 정식으로 친우회를 결성하였다. 첫날 집회에서는 서재필·이승만·윤병구 등이 한국 사정을 잘 알고 있는 미국인 유지들과 일제의 학정을 규탄하는 연설을 한 후 한국의 독립을 지지하는 성명을 채택하였다. 회장에는 톰킨스 목사, 부회장에는 밀러 교수, 회계에 페이슬리H.E. Paisley, 서기에 베네딕트 기자가 선임되었고, 미국인 유지들로 이사회를 구성하고 서재필도 이들 중 한 사람으로 활동하였다.

한국친우회의 설립 목적은 다음과 같다.

첫째, 기독교와 자유독립국가를 위해 고통당하고 있는 한국민족들에게 미국민의 동정과 도덕적인 지원을 보낼 것.

둘째, 한국민족이 지금까지 받아온 일제의 학정과 부당한 대우를 가능한 더 이상 재발되지 않도록 미국민의 도덕적 영향력과 호의적인 조정을 다할 것.

셋째, 한국에 관한 진실한 정보를 미국민들에게 알릴 것.

넷째, 세계 모든 민족과의 우정과 사랑 그리고 영원한 평화를 증진시키며 하나님의 법이 온 세계에 수립되도록 도울 것(『코리아 리뷰』 1920년 3월).

서재필은 필라델피아 통신부와 한국친우회를 동시에 지도하면서, 이를 연계시켜 미국인들에게 한국 상황을 알리고, 그들의 양심에 호소하여 한국의 자유와 독립을 지지하는 여론을 확산시키는 데 중점을 두고 활동하였다. 특히 각 지역에 순회 강연회를 개최하거나, 선전물을 보내 각 지역에도 한국친우회를 결성하도록 독려했다.

1919년 6월 6일 미국의 수도인 워싱턴에서 집회를 열고, 서재필·그리피스William E. Griffis 박사·톰킨스 목사·밀러 교수 등이 연설했다. 이 집회에서는 한국에 대한 일본의 반기독교적이고 비인도적인 만행을 규탄하는 결의문을 채택했다.

1920년 5월 23일 필라델피아 친우회 회장 톰킨스 목사는 오버린대학의 한인여학생 노디 도라 김Nodie Dora Kim 및 상원의원 스펜서S.P. Spencer를 연사로 초청하여 1,000여 명이 참석한 성대한 집회를 개최하였다. 이 집회에서 미대통령과 상원외교위원회에 보내기 위한 결의문을 채택

하고, 이 결의문은 스펜스 의원의 도움
으로 미의회 『의사록』 1920년 6월 2일
자에 수록되었다. 톰킨스는 1921년 6월
28일자로 주미일본대사 시데하라에게
편지를 보내, 한국의 독립이 일본에게
이익이 될 뿐 아니라 미·일간의 친선에
도 도움이 될 것임을 주장했다.

이와 같이 미국 각지는 물론 유럽의
영국과 프랑스에까지 결성된 한국친우
회를 그 결성 시기순으로 정리하면 다음
과 같다.

톰킨스 목사

레딩 한국친우회	1919년 6월 26일 결성
포스토리아 한국친우회	1919년 8월 3일 결성
티핀 한국친우회	1919년 8월 5일 결성
핀들레이 한국친우회	1919년 9월 20일 결성
리마 한국친우회	1919년 9월 21일 결성
워싱턴 한국친우회	1919년 10월 1일 결성
시카고 한국친우회	1919년 10월 1일 '한국친우회 평의원 회 결의문' 채택
샌프란시스코 한국친우회	1919년 10월 11일 결성
캔사스시티 한국친우회	1919년 11월 10일 결성

콜럼버스 한국친우회	1919년 11월 25일 결성
맨스필드 한국친우회	1919년 12월 초 결성
얼라이언스 한국친우회	1919년 12월 결성
뉴버그 한국친우회	1919년 11월 11일 결성
보스톤 한국친우회	1920년 1월 11일 결성
안아버 한국친우회	1920년 2월 20일 결성
뉴욕 한국친우회	1920년 4월 20일 결성
파크빌 한국친우회	1920년 3월 9일 결성
어퍼 퍼키오멘 밸리 한국친우회	1920년 8월 3일 결성
마리온 한국친우회	1920년 8월 3일 결성
영국 런던 한국친우회	1920년 10월 26일 결성
프랑스 파리 한국친우회	1921년 5월 20일 결성

국제회의에서 한국인을 대변하다 10

워싱턴군축회의에 대한 활동

제1차 세계대전을 마무리한 파리강화회의 이후에도 미국과 일본은 해군력 확장을 계속하고 있었다. 이러한 군비확장은 태평양에서 새로운 전쟁을 일으킬 우려가 있었고, 분쟁해결 수단으로서의 전쟁에 반대하여 해군 군비축소회의를 열어야 한다는 여론이 미국에서 일어났다. 이러한 여론에 따라 1921년 3월 미국 대통령에 취임한 하딩Warren Harding은 미국이 군비축소에 응할 용의가 있다고 발표하였다. 더욱이 영일동맹이 7월에 만기가 되므로, 미국은 이 동맹의 연장에 반대하고, 열강들이 모여 군비축소회담을 열 것을 제안했다. 그리하여 8월에 영국·프랑스·이탈리아·일본·벨기에·중국·네덜란드·포르투칼 등에 공식초청장을 발송했다. 1921년 11월 11일부터 1922년 2월 6일까지 미국 워싱턴에서 열린 이 회의의 주요 의제는 군비축소와 태평양 및 극동 문제였다.

1921년 여름 미국이 군축회의를 계획하고 있다는 소식이 알려지자 서재필은 즉시 이 사실을 상하이 임시정부에 알리고 이 기회를 이용할 것을 제안했다. 1921년 7월 14일자로 임시정부 재무총장 이시영에게 보낸 편지에서 다음과 같이 제안하고 있다.

나는 귀하께 미국에서 만국평화회의를 소집하여 원동문제를 해결하고자 하여 영·프·이·일 및 중국까지 청한 것을 말씀드리고자 하나이다. 그 주의는 만일 태평양에 대하여 관계있는 열강이 현재 형편을 계속하면 머지않아 위험함이 미국과 태평양과 관계되는 나라 사이에 있겠음으로 각국 대표자를 모아 각종 문제를 토의하고 공평한 해결을 지어 장래 전쟁을 면하고자 함입니다. 이 평의회에서 한국의 생사도 작정될 터인데 어떠한 정책을 한국에 대하여 쓰기로 작정하든지 6대 강국은 그대로 시행할 터인즉 만일 한국에게 독립을 주기로 작정하면 6대 강국이 보증할 것이며 불행히 한국을 일본 밑에 여전히 두면 그 정책도 또한 6대 강국에서 실행할 것입니다. 그런즉 귀하께서는 이 기회가 우리에게 긴요하고도 경각인 것을 확실할 줄 믿습니다.

만일 국내에나 해외에 거주하는 동포들이 이 기회가 어떻게 긴급한 것을 깨닫고 구국하기를 위하여 힘쓰면 좋은 결과를 얻을 수 있거니와, 과거에 행한 바와 같이 어린아이의 행동을 하거나 입을 봉하고 가만히 있으면 후일에는 이 같은 기회를 다시 만나지 못할 것입니다. 이루어지고 이루어지지 않음은 알 수 없으나 만일 이 평의회에서 한국의 독립을 작정하면 주미위원부를 더 유지할 필요가 없고 정식 공사관을 워싱턴에 설치할 것이며, 또한 불행히 한국을 일본에 붙여도 위원부를 이곳에 두는 것이 필요 없습니다. 이는 미국 정부가 한번 어떠한 정책을 작정하면 백성들은 그 정책에 복종함으로 백성의 도리상 원조를 구하는 것이 소용없을 것입니다. 이러한 경우에는 위원부를 모스크바나 이 6대 강국 밖의 다른 나라 도성에 설치하는 것이 나을 줄 믿습니다. ……

언제 이 평의회가 개최될는지 자세히 알 수 없으나 11월 11일이 될 듯하다는 언론이 있으며, 내가 귀하와 동포 전체에 대하여 제의하는 바는 이 같은 시기와 긴급한 시간을 당한 우리들은 힘과 권세를 다하여 미국에 있는 이 평의회에 대해 하고자 하는 일을 받들어 양호한 결과를 얻도록 하기를 바랍니다. 한국독립의 생명이 이에 달렸다 하겠는데, 동포들이 협력하여 받들어 주지 아니하면 우리는 효력 있게 일하지 못하겠나이다. 이 일을 하는 데에 적지 않은 경비가 들어야 할 터인데 이는 최상급 법률인을 고용해야 하기 때문인즉 10만 원의 경비가 있어야 될 모양입니다(『신한민보』 1921년 7월 28일).

서재필은 이 회의가 한국의 독립을 호소할 수 있는 절호의 기회라고 생각했다. 그래서 최상급의 법률 전문가를 고용하여 활동하려면 10만 달러의 예산이 필요하니 모든 동포들이 협력하지 않으면 안 된다고 하였다. 서재필은 이 회의에 마지막 희망을 걸었다. 이 회의에서 어떻게 결정되든 구미위원부는 필요가 없게 되리라고 생각했다.

초대 구미위원부 위원장을 맡았던 김규식이 1920년 8월 이승만과 정책적인 갈등으로 사임하고 상하이로 돌아가자 그해 말부터 구미위원부를 현순이 맡았다. 현순은 1921년 2월 위원부 사무실 서랍에서 이승만이 비상시에 사용할 수 있도록 서명해 둔 현순에 대한 주미특명전권 공사 임명장을 발견하고, 3월부터 워싱턴에 한국공사관을 설립하여 미국정부로부터 임시정부의 승인을 얻는 일을 추진했다. 그는 이 일을 위하여 구미위원부의 재정을 낭비했을 뿐만 아니라, 필라델피아 통신부도 폐지하려고 했다. 당연히 위원부의 고문으로 있던 서재필은 이 일을 반대하였다. 이 일은 현실성도 없을 뿐만 아니라 위원부의 재정적인 파탄을 가져올 일이기 때문이었다. 이 일을 보고받은 이승만도 4월 18일자 전보로 현순의 해임을 통보하고 구미위원부의 사무와 재정을 서재필에게 맡기라고 지시했다. 그러나 현순이 이에 불복하는 답전을 보내자 이승만은 4월 26일자로 서재필을 구미위원부 위원장에 임명하였다.

임시정부에서도 워싱턴군축회의에 대한 모든 준비를 서재필이 책임자로 있는 구미위원부에 위임하는 국무회의의 결의를 통보했다. 또한 임시의정원에서도 이 회의에 파송할 한국 대표로 이승만을, 부대표로 서재필을, 서기로 정한경, 고문으로 변호사 프레데릭 돌프와 전 상원의원 토마스Charles S. Thomas를 임명하는 것을 승인했다. 서재필은 구미위원부와는 별도로 '군축회의를 위한 한국위원회Korean Commission to the Conference on Limitation of Armament'를 구성했다. 활동비 등 예산도 동포들이 마련해 준 공채와 특연금으로 충당했다.

이 소식은 국내에까지 알려져 국내에서도 1921년 9월 이상재李商在를 비롯한 13도 지역 대표 373명이 서명한 다음과 같은 「한국인민 치致 태평양회의서」를 보내왔다.

금년 11월 11일에 워싱턴에서 열리는 태평양회의는 정의인도에 기초하여 세계평화를 옹호하고 민족공존을 도모하려 함이라. 우리 한국인민은 이를 열성으로 환영하는 동시에 우리들은 세계열국이 우리 한국정부위원의 출석을 너그러이 받아주기를 간절히 바라노라.

무릇 한국은 나라를 세운 4,200여 년에 일관된 독립자유의 나라로 상당한 문화생활을 하였고 한 번도 이민족의 통치를 받은 일이 없었나니 이는 우리의 역사가 증명하는 바라. 혹 이민족이 우리 한국을 침범한 때가 있으나 우리 한인은 무력이나 외교로 이를 다 물리치고 말았나니 저 한漢·수隋·당唐 등을 격퇴하여 국위를 선양한 것과 저 원元·명明·청淸 등과 각축하여 국권을 보존한 것이 곧 이의 실례라. 이렇게 역대의 이민족이 우리 한국을 침범한 자가 많으나 그들 이민족은 모두 실패에 돌아갔고 우리 한국은 계속하여 독립자유를 확보하였나니 이는 우리 한국인의 민족성이 독립적이나 자유적이어서 결코 이민족의 제압을 받지 아니하는 증거로라.

이에 우리는 일본의 한국합병을 부인하는 동시에 상하이에 있는 한국정부를 완전히 한국정부로 성명하고 그것으로 인하여 열국에 향해 우리 한국에서 파견하는 위원의 출석권을 요구하고 동시에 열국이 일본의 무력정책을 방지하여 세계의 평화와 한국의 독립자유를 위하여 노력하기를 기원하노라.

건국기원 4252년 9월
한국인민 등

워싱턴군축회의에서 정한경·이승만

한국대표단은 워싱턴에 사무실을 내고, 이 회의에서 한국문제가 상정되도록 다각적인 외교활동을 전개했다. 1921년 10월 1일에는 미국 대표에게 청원서Korea's Appeal를 제출했고, 12월 1일에는 워싱턴회의에 같은 식의 「군축회의에 보내는 한국인의 간청」이라는 청원서를 제출했다.

미국 각지에 조직되었던 한국친우회도 적극적으로 이 일에 협력하였다. 필라델피아 한국친우회 톰킨스 회장은 워싱턴회의 미대표단장 휴즈Charles E. Hughes 국무장관에게 한국대표단의 활동 보장과 한국독립 보장을 요구하는 공개서한을 발송하였다. 그런 다음 워싱턴회의에서 한국문제가 해결될 수 있도록 1921년 11월 22일 필라델피아의 침례교회에서 토마스Charles S. Thomas를 초청하여 강연회를 개최하고 한국 동정여론을 환기시켰다. 리딩시 한국친우회 회장 리빙우드F. Livingood도 리딩 시의 한국친우회 결의문을 휴즈에게 보내, 한국문제는 세계평화와 직결된다고 주장하고 한국대표단의 독립 요구를 수용해줄 것을 요청했다.

이러한 노력에도 불구하고 한국문제가 받아들여지지 않자, 1922년 1월 22일 대통령 하딩에게 편지를 보내 한국의 호소에 관심을 가져줄 것을 요구하였다. 그리고 이어서 서재필이 직접 휴즈를 방문하여 이번 회의에서 한국문제를 의제로 다루어 줄 것을 강력하게 요청하였다. 당시 미국도 필리핀을 식민지로 지배하고 있었으므로, 일본이 미국의 제안을 전적으로 거부하지 않는 한, 일본을 자극할 한국문제를 의제로 다루기는 어려웠다. 서재필은 워싱턴회의에서 한국문제를 의제로 삼을 가능성이 충분히 있다고 생각했지만, 만약 그러지 않는다 하더라도 할 수 있는 최선을 다해야 한다고 생각했다.

"미국이 태도를 바꾸어 그 회의석상에서 한국문제를 제기할 가능성도 있습니다. 이것이 우리가 가지고 있는 비공식 정보입니다. 우리의 입장은 미국이나 그 밖의 어떤 나라가 한국문제를 취급하건 안하건 간에 우리가 할 일은 우리 문제에 대해 그들의 주의를 환기시키기 위해 우리가 할 수 있는 최선을 다해야 할 것입니다. 우리에게는 그들이 우리를 무시하지 못하도록 막을 힘이 없지만, 그들의 주의를 끌 수 있는 방법이 있다면 무엇이든지 그런 방법을 찾아내야겠습니다. 그런 연후에 설사 우리가 실패를 한다 하더라도 우리에게는 한 가지 만족, 즉 우리는 주어진 상황 속에서 우리가 할 수 있는 일을 다 했다는 만족감이 생기게 될 것입니다. 그러나 그것을 통해 무언가 좋은 결과가 있기를 기다립시다."

그러나 이러한 기대에도 불구하고 이 회의에서 한국문제는 전혀 다루지 않은 채 2월 6일 폐회되었다.

서재필은 1922년 2월 9일 워싱턴군축회의에 대한 경과 사항을 정리하여 1922년 2월 23일자 『신한민보』에 실어 동포들에게 보고했다.

군비감축과 원동문제의 열강회의는 지난 2월 6일에 그 일을 마치고 드디어 폐회하였다. 그런데 내외에 있는 한인들은 이번 회의에서 한국문제를 거론치 아니함으로 매우 실망하였을 것이며, 또 이 실망은 나도 역시 여러분과 같이 느끼는 바이다.

금번 열강회의가 한국을 위하여 한 것과 또 장래에 한국을 도울만한 일은 대개 아래와 같다.

(1) 우리 대표단이 제출한 청원서와 나의 연설과 또 각 신문상에 게재된

논설과 평론에 의하여 미국정부는 물론이요, 이번 회의에 참가하였던 열강 대표자까지 참으로 한국문제를 이해하게 되었다.

(2) 우리 모든 사실을 발표함에 당하여 우리 태도의 정정당당함과 수완의 기민함은 전 세계를 통하여 동정자를 많이 얻을 뿐 아니라 일본의 대표까지 스스로 찬탄하여 마지 아니하였다.

(3) 한국문제는 비록 공식 석상에서 토론한 바는 없으나 비밀회의에서는 수차 의논하였고, 따라서 각국 전권들은 현금 한국에서 일어난 독립운동은 결코 몇 개의 선동가의 소위가 아니요 진정한 전 민족의 운동임을 깨달았나니, 이에 대하여는 금번에 한국 내지에서 다수 동포가 서명하여 보낸 청원서가 가장 힘이 있었더라.

이번 회의에 여러 가지로 중국의 권리를 승인하여 준 것은 필경은 한국을 돕게 될지니 대개 열국이 일본이 중국에서 행한 바를 불가하다 하면 일본이 한국에서 행한 것도 불가하다 할 것은 물론 논리상 당연한 귀결이요. 또 중국은 이로 인하여 일본 압박의 위험을 아주 면한 것이 아니라 다만 열국은 일본으로 하여금 장래에 그 침략 정책을 그 전보다 좀 더 곤란하게 만든 것에 불과하외다.

(4) 만주·시베리아·몽고·한구·복건 문제들은 아직 해결치 아니하였으나, 그러나 조만간 모두 해결하지 않을 수 없을 것이며, 또 이런 문제가 일어나는 날에는 한국문제도 역시 따라올 것이라. 그런데 이 문제들은 가부간 해결하지 않을 수 없을 것이니 대개 이를 해결하지 않고는 이미 협정한 정책을 실행치 못함일세라. 그러므로 이번 회의로 인하여 한국은 비록 직접으로 이익을 받은 것은 없으나 중국과 시베리아를 위하여 성취

한 바는 결국은 한국에도 이익이 될지라.

또 이번 회의에서 한국문제를 거론치 아니한 것은 우선 중국을 구하여 내며 또 일본으로 하여금 일본의 이웃 나라에 대하여 여러 가지 부당한 일을 한 것을 열강 앞에 스스로 인정케 하고 그런 후에 차츰 시기를 기다려 다른 문제들도 그와 같은 외교적 수단으로 해결하고자 함이라. 만일 이번 회의에서 온갖 문제를 일시에 해결하고자 하면 미국이 전쟁까지 하지 않고는 아무 것도 성취하지 못하리니 미국이 이런 극단까지 가기는 본의도 아니려니와 또한 원하는 바도 아니라.

그러나 영일동맹의 폐기는 동양에서 일본의 세력을 줄임에 일대 진보이며 또한 미국뿐 아니라 한국과 중국과 기타 열국을 위하여 일대 성공이라 하겠도다. 그러므로 나의 소견으로는 이제부터는 영국은 일본보다 오히려 미국과 협동할 것이며 미국은 이로 인하여 강경한 원동정책을 세울 줄 믿나이다.

우리가 이 회의에서 직접으로 아무 이익을 얻지 못함은 당장에는 다소간 실망되지마는 그러나 전체 상으로는 우리는 이번 회의로 말미암아 상당한 기초를 세운 줄로 생각하노라.

서재필은 이때 구미위원장직을 사임할 의사를 밝혔다.

"여러분이 아시는 바와 같이 지난 봄 내가 구미위원장 직임을 맡은 것은 다만 그 위태한 경우에서 이를 구하여 내어 유지코자 함이오. 또 이승만 박사가 미국에 도착하는 것을 기다려 즉시 사직하리라고 당시에 성명한 바라. 그러나 이박사는 가을까지 돌아오지 아니하고 돌아온 때는 열강회의가 또한 임박한지라. 그런 중대한 문제가 앞에 당한 때에 구미위원부를 떠날 수 없으므로 나는 회의가 마치기까지 그대로 시무하기로 하였나이다. 그리하여 회의하는 동안에 나는 나의 힘과 정성을 다하여 할 것을 다하여 보았으며, 나의 목적하였던 것은 달하지 못하였으나, 장래의 성공을 위하여 다소간 결과가 있게 된 것은 실로 만족하여 하는 바입니다.

이제는 나의 시간과 빈한한 살림을 더 희생하지 않고 물러갈 시기가 온 줄로 믿습니다. 나는 나의 개인상 사정을 남에게 말하기를 즐겨하지 아니하며 또한 여러분이 대강 짐작하여 주실 줄 알므로 길게 말씀하지 않고저 하나, 나는 1919년 5월 이후로 실로 우리 대사를 위하여 적잖은 희생을 제공하였습니다. 만일 이대로 언제까지든지 나아갈진대 사업과 가사는 전혀 낭패에 돌아갈 수밖에 없을지니 그러므로 이제부터는 이 운동에 관하여 공식으로 참가하지 않기로 작정하였으며, 또 일을 계속할만한 재원이 없으므로 그간 발행하던 『코리아 리뷰』와 연설 및 각처에 있는 한국친구회의 사업은 무슨 예기치 못하였던 사건이 생기지 않는 동안에는 모두 정지하려 합니다.

구미위원부는 장래 어찌할지 나는 모르나 이 기관은 될 수 있는 대로 유지하여 가기를 바라며 특히 돌프 씨의 지도 아래 있는 법무국은 과거에 한인에 대한 공적이 다대할 뿐 아니라, 그 경비도 많지 아니하니 유지하는 것이 필요한 줄로 압니다. 현재 계획으로는 모든 일을 오는 4월 1일이나, 늦더라도 5월 1일 전으로 마치려 하며 마치는 때에도 순서 있게 잘 하려고 합니다."

그는 그동안 후원해 준 동포들에게 감사하며, 후일에 더 좋은 기회와
형편 아래 가장 사랑하는 한국을 위하여 활동할 기회가 있기를 바란다
며 글을 맺었다.

범태평양회의에서의 활동

서재필이 독립운동의 일선에서 물러나 유일한과 함께 유한주식회사를
설립했던 1925년 무렵, 미국의 태평양연구소가 주최하는 범태평양회의
가 그해 7월 하와이 호놀룰루에서 열리게 되었다. 범태평양회의는 태평
양연안 국가의 저명한 재야인사들이 모여 태평양연안 국가들의 제반 문
제들을 토론하기 위한 민간 차원의 국제회의였다. 참석자들은 그들 나
라의 경제적·사회적·문화적 제반 사항에 관해 서로 정보를 교환하고,
그 지역에서 평화와 발전을 도모하기 위한 의제들을 토론하였다. 비록
이 회의가 민간차원의 국제회의였지만, 관계 당사국 정부들은 그 회의
진행 사항들에 깊은 관심을 기울였고, 또 그 회의 참석자들도 대부분 자
국의 국익을 위하여 출신국 정부와 긴밀한 협조를 하고 있었다.

이 회의는 국내에도 알려져 YMCA 총무 신흥우申興雨가 이미 1925년
3월 초부터 준비하고 있었다. 1925년 3월 1일자『동아일보』는 도쿄발
로 이 회의 개최에 대해 이렇게 보도하고 있다.

범태평양회의는 금년 7월에 포와(하와이)의 '호놀룰루'에서 개최하기로
결정하였는데 협의 사항은 이민문제·조선인교육문제 등 중요한 것이 많

으며 참가국은 일본·미국·호주·캐나다·인도·중국 등 태평양 연안 제국을 망라하였으며, 일본에서는 10명의 위원이 참석할 예정이라더라.

다음 날에도 이를 준비하는 신흥우의 인터뷰와 함께 한국에서는 적어도 3명이 참석할 것이라면서, 「범태평양회의와 조선관계문제」라는 제목으로 보도하고 있다. 결국 국내에서는 신흥우·송진우宋鎭禹·김양수金良洙·유억겸俞億兼·김종철金鍾哲 등이 한인 대표로 참석했다.

서재필은 국민회와 시카고 한인유학생들로부터 이 회의에 해외 한인 대표의 고문으로 참석해 줄 것을 요청받고 기꺼이 수락했다. 서재필도 이 회의가 매우 중요한 회의가 될 것으로 생각했고, 더욱이 이 회의에는 국내에서도 대표들이 참가하도록 되어있어 그들을 통해 국내 소식을 직접 들을 수 있었기 때문이었다. 국내 한인 대표인 신흥우는 배재학당에서 가르친 서재필의 제자이기도 했다. 회의 참가비용도 동포들이 모금해 주기로 했다. 서재필의 가족들도 그의 하와이행을 기뻐하면서 이 기회를 이용해 1~2주일 동안 하와이에서 쉬고 돌아오기를 기대했다.

그러나 서재필이 막상 출발하려고 했을 때 여비 1,500달러가 필요했는데 500달러밖에 모금해 보내오지 않았다. 마침 미국에 와 있던 안창호가 그해 5월 필라델피아로 서재필을 찾아가 만나고, 6월초에 샌프란시스코의 국민회에 연락하여 부족한 여행비 1,000달러를 국민회와 흥사단이 각각 500달러씩 담당하자고 제안하여 여비를 마련해 주었다.

안창호의 도움으로 서재필은 6월 하순 샌프란시스코를 거쳐 하와이 호놀룰루에 도착했다. 그러자 그곳 동포들이 크게 환영하고 『호놀룰루

애드버타이즈』1925년 6월 30일자도 그의 도착을 크게 보도하였다. 회의는 7월 1일부터 시작되었는데, 그는 회의에 참석하면서도 틈틈이 그곳 동포들이 마련한 환영회에도 참석하였다. 7월 4일에는 기독교회당 옆에 큰 차일을 치고 200~300명의 현지 교포들이 모여 "서박사 환영회"를 열고 만찬을 같이 하였다. 그 다음 날도 와이투아와 와이하와 동포들이 농장으로 초청하여 환영회를 베풀어 주었다. 7월 12일에는 감리교회의 초청을 받아 강연을 하였다. 그는 그곳에서도 동포 사회의 분열의 원인을 알기 위하여 각 당파 사람들을 가리지 않고 만나 그들의 이야기를 들었다. 박용만 측, 이승만 측, 안창호 측의 흥사단 세파 사람들의 말을 들어보니 서로가 색안경을 끼고 보기 때문이었다. 서재필은 그들에게 서로 사랑으로 단결할 것을 강조했다.

7월 1일부터 시작된 범태평양회의는 개막된 후 처음 몇 차례 본회의에서 각국 대표들이 자기 나라 현황과 그 회의에서 토의 결정하기를 원하는 의제를 중심으로 30분씩 기조강연을 했고, 기조강연이 끝나면 참석자들의 질의와 논평이 이어졌다. 한국 대표의 차례가 되자 신흥우가 일제 식민지배 하에 있는 한국의 당면한 문제들을 제기했다.

법을 제정하는 문제, 경찰 권한이 어디까지 미치고 있는지, 교육제도에 어떤 차별이 있는지, 은행 대부에도 일인과 한인의 차별이 있어서 산업이 발달하기 어려우며, 관청에 한인이 취직하기 어려울 뿐만 아니라 봉급의 차별이 너무 심한 것, 동양척식주식회사는 처음에는 한일 양국정부가 공동으로 출자하여 경영하기로 했지만, 이민하는 데 있어서나 가난한 사람들이 토지를 주고 영농 자금을 꾸어쓰는데 한국 사람들

1925년의 서재필(하와이)

1925년 하와이 호놀룰루 범태평양회의 한국대표단과 함께

이 혜택을 입지 못하고 일본 사람들만 입는다는 말을 했다. 그 다음 결론으로 한국 사람은 밥 한 숟가락 더 먹거나 덜 먹거나 하는 것이 문제가 아니라, 주머니에 돈 1원이 더 있거나 없거나 하는 것이 문제가 아니라, 우리 '개성(Individuality)'을 인정해 주느냐 하는 것이 가장 큰 문제라는 것을 말했다."

여기서 '개성'이라고 표현했던 것은 사실은 '독립(Indepedence)'을 의미했다. 그의 연설 내용은 1925년 7월 2일자 『호놀룰루 스타-불리틴Honolulu Star-Bulletin』이라는 신문에 게재되었다. 회의를 잠시 정회하고 저녁에 다시 모였을 때 서재필이 일본 대표를 향해 이렇게 말했다.

"한국 대표의 말에 의하면 일본은 15년 전에 한국을 병합한 이래 한국 국민에 대해 매우 비인도적인 정책을 계속해 오고 있는 것 같습니다. 그러나 우리가 결론을 맺기 전에 먼저 우리는 쌍방의 의견을 들어야 할 것이므로 이에 대해서 일본 대표가 발언해 주면 좋겠습니다."

그래도 일본 대표가 침묵을 지키자 서재필이 다시 말했다.

"일본 대표로부터 반대의견이 없는 것을 보니 한국 대표가 말한 것이 사실임에 틀림없습니다. 그렇다면 우리는 일본이 한국 국민에 대해 가하고 있는 무자비한 억압을 그대로 눈감아 둘 수 없겠습니다."

그때에야 일본대표 가시라 모토가 발언했다.

"한국은 일본의 속국이기 때문에 한국문제는 일본 국내문제입니다. 이 회의에는 어느 나라의 국내문제도 관여할 권한이 부여되어 있지 않습니다. 더구나 지금 발언한 한국 대표는 20여 년 이상 해외에 체류하여 한국의 실정을 모르고 있습니다. 사실 병합 이래 한국은 정치적·경제적·문화적으로 전례 없는 발전을 이룩해 왔습니다. 나는 이 대표의 자격을 이 회의에서 박탈할 것을 동의합니다."

그러자 서재필은 다음과 같이 응수했다.

"필리핀도 미국의 속국이지만 미국은 필리핀 대표를 이 회의에 참가하도록 허락했습니다. 이번 회의는 전 태평양연안 국가들과 관련 있는 모든 문제를 관심사로 하고 있기 때문에 한국문제를 다루는 것도 이 회의의 의무입니다. 한국문제는 일본의 단독의 관심사가 될 수 없습니다. 그 문제는 아시아의 관심사요 나아가서는 전 세계의 관심사인 것입니다."

대표 자격문제로 논쟁이 오고 갈 때, 캐나다 대표 넬슨C. J. Nelson이 캐나다도 영국의 종속국이기 때문에 만약 한국대표단의 자격이 상실된다면 캐나다도 회의에서 철수하겠다고 하며 한국 측을 지지하였다. 그 결과 일본의 동의는 부결되었고, 오히려 일본의 반대에도 불구하고 신흥우가 범태평양회의 상임위원으로 당선되었다.

신흥우는 이 회의의 운영위원으로도 참여했다. 그런데 이 운영위원회에서도 이 회의의 헌장을 제정하는데, 그 초안에 회원 자격을 규정하는 조목에서 자치권이 있는 민족에 한해서 회원권이 있다고 되어 있었다. 만약 초안이 그대로 통과되면 한국 대표는 회원자격을 잃게 되는 것이었다.

"민족과 영토가 있으면 거기서 대표가 나와 구성하는 것이지, 자치권이 있고 없고는 문제가 될 수 없다."

신흥우는 강하게 주장했다. 그래서 '자치권' 대신 '민족과 영토'로 수

정하자고 수정안을 제안했다. 그 때도 캐나다의 넬슨이 동의해 주었다. 한국 대표들은 수정안이 통과되지 않을 경우 퇴장하여 기자회견을 갖고 귀국할 각오를 했지만, 미국 대표들이 수정안을 지지해 주어 헌장의 문구를 수정할 수 있었다.

이 회의의 의장은 캔사스주 『엠포리아 가제트』지의 발행인 윌리엄 화이트였는데, 그는 서재필을 잘 알고 존경하는 인사였다. 그래서 발언할 일이 있을 때는 자기 대신 서재필에게 사회를 맡기고 발언하였으며, 서재필은 그 회의의 대체의장으로도 선임되었다. 비록 민간 대표자 회의였지만, 국제회의 석상에서 한국과 한국인이 당당하게 인정을 받고 지도력을 발휘하였던 것이다.

1925년 7월 23일자 『신한민보』는 범태평양회의에서 서재필의 활동을 다음과 같이 보도하고 있다.

하와이 태평양회의 소식과 서박사의 웅변

하와이에 모였던 범태평양회의에서 회의를 한 완전한 기관을 만들어 앞으로는 각국 간에 밀접히 관계하기로 의결하였다는데, 다른 나라는 다 이 기관에 한 부분의 자격이 있으되 국권이 없는 한국과 필리핀은 이 회의에 자격이 없다는 것이 가결되었는데, 이 사건으로 인하여 7월 4일에 호항(호놀룰루) 한인기독교학원 안에서 한인이 공동회를 열고 긴 시간 허비하여 난상 토론한 바 절대적으로 한인도 그 회의에 참석을 요구하기로 결의하였으며, 그 자리에서 서재필 박사는 말하기를 "나는 한국독립을 결단코 재촉하겠으니 여러분들은 열심 합력하여 뒤를 받드시오" 하였다더라.

7월 4일에 서재필 박사는 태평양회의에서 여러 백성 청중에게 웅변을 하였는데 그 말함의 대지는 "한국은 아시아 중에 제일 좋은 나라이라. 우리나라는 3강국 사이에 있어 평화를 주장하며, 종교 풍기로서 도를 전하는 나라이외다. 한국이 처음으로 철갑선·지남철·주사 등 여러 가지를 발명하여 4천여 년의 문명이 당당하던 나라외다. 현금 세계에서 별로 대우치 아니하는 이유는 한국을 알지 못함이니 여러분은 오늘부터 좀 알아주기를 바라며 우리 희망하는 옳은 목적을 동정하시오." 하였는데 그 자리에 앉아 있던 여러 외국 사람은 박수갈채하여 박사의 웅변과 영웅 용력을 크게 칭찬하였다더라.

서재필은 이 회의에 참가하고 나서 『유학생회보』에 다음과 같이 쓰고 있다.

태평양연안에 살고 있는 9개의 서로 다른 민족 대표들이 모여 7월 첫째 주와 둘째 주에 호놀룰루에서 개최한 회의는 그 성격과 목적에 있어 매우 특이했다. 이 회의에서는 토론된 문제에 관한 어떤 결의안도 통과되지 않았고, 태평양연안 국가들이 마주하고 있는 다양한 문제에 대한 해결을 위해 확실한 제안을 하지도 않은 것으로 보아 회의라는 단어가 보통 의미하는 바와는 다른 회의였다. 이 회의에서는 단순하게 사람들이 만났고, 이야기를 나누었고, 1927년에 다시 만나자는 뜻을 나누고 폐회했다.

무심코 이 회의를 관찰하면 의미 없고 실용적 가치가 없어 보일지도 모른다. 그러나 여기 참여한 사람들에게 이 회의는 성공이었고, 달성하려는 목표를 달성한 회의였다. 미국시민의 전형적 모범인 남녀로 구성된 조직위원회는 국제적 문제와 민족 사이의 문제는 다소 갈등의 성질이 있는데 이는 사실의 지식에 바탕을 한 지성적인 여론에 의해 공정하고 우호적으로 조정될 수 있다고 생각했다. 지식을 얻는 가장 좋은 방법은 각 나라에서 사고력이 있는 사람들을 함께 불러 모아 이 문제들에 대해 솔직하고 냉정하게 토론하는 것이다. 그리하여 이것이 이번 회합의 목적이었고, 이 목적의 대부분은 달성되었다.

이런 목적을 위한 첫 번째 일로, 진행은 대단히 신중했고 제한이 있었다. 그러나 많은 귀중한 정보가 도출되었고, 많은 적절한 관점들이 교환되었다. 다음번 회의에서는 자유의 정도가 좀 더 확대되고, 태평양 관계에 대한 좀 더 포괄적인 주제가 논의되리라 기대된다. 첫 회의에서 얻은 지식이 각 나라에서 여론을 형성하는 데 얼마나 효과적일지 추측하기에는 너무 이르다. 그러나 조정이 필요한 몇몇 문제의 해명에 큰 도움이 된 것은 사실이었다. 이번처럼 각 국가의 대표로 참석한 사람들이 좀 더 자주 만난다면 해명을 하는 데 더 큰 도움이 될 것이고, 미묘한 주제에 있어서도 완벽한 솔직성과 상냥함을 가지고 토론할 수 있는 우호적 환경을 만들 수 있으리라 기대할 만하다.

이 회보의 몇몇 한국인 독자들은 만약 한국의 문제가 호놀룰루에서 다뤄졌다면 얼마만큼이나 토론되었는지 알고 싶어 할 것이다. 이 학회의 참가자들 사이에 비공개로 열린 포럼과 원탁회의의 진행과정을 공개하지 말자는 암묵적 약속이 있었기 때문에 어떤 일이 있었는지 여기서 이야기하지는 못하겠다. 그러나 비록 회의의 많은 시간을 차지하지는 못했지만 한국 문제가 다뤄지고 토론되었다고는 말할 수 있다. 한국 대표의 구성원인 신흥우Hugh Cynn 씨에 의해 발표된 한국의 상황에 대한 훌륭한 보고서는 많은 관심을 끌었고, 회의 기간 내내 그가 보여준 신사다운 행동으로 인해 다른 집단의 사람들로부터 많은 존경과 호의적 평가를 받았다. 신 씨에 의해 한국의 명예가 섰고, 이 학회의 훌륭한 구성원이 되었다. …… 한국 민족도 국제적 정의를 위해 일하는 집단에 합류하게 되기를 소망한다.

1925년 서재필과 안창호(LA에서)

홀로는 전쟁을 막을 수 없기 때문이다. 이러한 운동에서 진정한 도움을 줄 수 있으려면 우리 젊은이들은 도덕적으로, 지적으로, 그리고 신체적으로 완벽히 자격을 갖추어야 할 것이다.

서재필은 자신이 이 회의에서 한 공헌은 감추고 대신 제자인 신흥우의 업적을 높이 평가하고 있다.

그는 귀가하는 길에 다시 샌프란시스코를 거쳐 로스엔젤리스에 들러

일주일간을 그곳에 머물며 동포들의 성대한 환대를 받았다. 8월 5일 저녁에 안창호가 주재하고 그 지역 교민회와 국민회 회원 60여 명이 참석한 환영만찬회에서 그는 범태평양 대회 보고등 연설을 하여 박수갈채를 받았다.

사랑 중의 제일 큰 사랑은 민족사랑이요, 큰 민족단체에는 다 통일이 되어야 한다. 나는 다른 단체에 어디든지 속하지 않았지마는 민족단체에는 속하였소. 누구든지 나서서 내 뒤에 앉아서나 큰 민족단체에 방해를 주는 사람은 우리 민족에게 역적이오. 전 민족이 나를 부르면 언제든지 나는 나오리다."

다시 의사로 돌아가다 11

사업에 실패하다

서재필이 사업을 돌보지 못하고 독립운동에 헌신하는 동안 필립 제이슨 상회는 사양길을 걸었다. 1923년 무렵부터 쇠퇴하기 시작한 필립 제이슨 상회는 1924년에 사원들을 감원하고 외곽 지역으로 이전하기도 했지만, 결국 회복하지 못하고 문을 닫고 말았다. 그렇지만 그는 조금도 후회하지 않았다. 독립운동의 일선에서는 물러났지만, 우리 민족에 대한 희망을 결코 포기하지는 않았다. 1924년 6월 11일과 18일자 『기독신보』에 기고한 「용기와 협력」이라는 글에서 그는 이렇게 말했다.

"나의 이 글 쓰는 목적은 한국사람이 어찌하여 낙망하거나 환난과 굴욕에 그 몸들을 방임치 아니할 이유를 가르쳐내려 합니다. 하나님이 저들에게 광물이 풍부한 화려한 땅 삼천리를 주셨음에 비옥한 연안과 평원에서 많이 산출하는 식료품과 연료는 저들의 자산이며, 불한불열不寒不熱한 온화한 기후는 위생에 적당합니다. 저들은 그 고유한 언어와 문화와 역사와 더욱 공공의 관계가 있는 한 민족임을 서로 즐겨 하리니, 이 점에 대하여 한국같이 행복스럽지 못한 나라가 세계에 많습니다. 비록 다른 강자가 한국을 어떻게 하려 할지라도 그것은 관계가 없나니 사람은 하나님의 일을 거절치 못하리로다. 한국은 언제까지든지 한국이요, 또 지금 있는 사람들의 자손은 다 이 땅에서 영원히 살 것입니다. 저들은 자조하기를 배울 것이요, 작업은 여러 가지 고난을 다스리는 유일한 묘약입니다. 할 수 있는 대로 자기들 및 다른 나라 사람에게 수요需要되는 여러 물품을 생산하며 제조하고, 또 그 자손들에게 지식 얻을 기회를 주어 저들로 하여금 새 사업을 일으키기에 능력이 있게 할지니 동족同族을 사랑하는 마음을 양성하며 협력하는 정신을 불어넣을 것입니다."

그는 우리 민족이 여러 장점들을 많이 가지고 있으나 용기와 협력 정신이 부족하니, 어떠한 상황에서도 낙심하지 말고 용기를 갖고 새로운 일에 도전하며 동족을 사랑하는 마음과 협력 정신을 기르라고 당부하였다. 그는 자신이 이렇게 말할 뿐만 아니라, 그 말대로 살아가는 사람이었다.

이듬해인 1925년는 봄, 서재필은 디트로이트에 있던 유일한과 함께 새로운 사업을 시작했다. 중국산 천을 사용한 직물제품을 수입·판매하는 회사인 유한주식회사Ilhan New & Company를 설립한 것이다. 그는 한 친구에게 보낸 1925년 4월 25일자 편지에서 이렇게 쓰고 있다.

유일한과 그 밖의 몇몇 조선인 친구 및 미국인 친구들이 미국·중국·조선을 상대로 수출입사업을 하기 위해 회사를 설립했습니다. 사장은 내

가 되었고 현재로는 필라델피아와 디
트로이트에 사무실이 있지만 앞으로는
그 밖의 여러 중심지에도 사무실이 생
길 것입니다. 당분간 이 회사의 자본은
25,000달러로 잡고 있지만, 이미 그중
절반 이상의 투자 약속을 받았습니다.
물론 이 회사의 목적은 경제적 이득에
있지만, 또 하나의 더 중요한 목적을 가
지고 있습니다. 즉 우리는 단체 활동을
통해 한국 청년들을 사업의 과학성과
협력의 비결 면에서 훈련시키기를 원하
고 있습니다.

전 유한양행 사장을 지낸 유일한

한 가지 문제점은 나 혼자서는 회사를
설립할 만한 자본이 없었다는 사실이었는데, 이제는 유일한이 그가 가
진 돈과 경험을 가지고 나와 같이 일할 수 있다는 것을 알게 되니, 나는
우리가 성공할 수 있을 것으로 믿는 동시에, 이 회사를 기반으로 후에 가
서는 한국 동포들의 재력을 개발하기 위해 한국에서 실제로 참된 회사를
시작할 수 있기를 바라는 바입니다. 만약 당신이 투자할 돈이 좀 있다면
이 회사 주식을 사는 것을 환영합니다.

서재필은 이 회사를 모범적인 회사로 운영하여 단체 활동을 통해 한
국청년들을 사업가로 훈련시키고자 했다. 그러나 이 회사의 경영도 순

조롭지 않았던 것 같다. 우선 투자자 모집이 쉽지 않았고, 1925년 7월 하와이 호놀룰루에서 열리는 범태평양회의 참석으로 회사 경영에 전념할 수 없었기 때문이다. 더욱이 제품을 제작·수입하던 중국은 국공내전으로 혼란에 빠져 있었고, 판매처인 미국의 경제 사정도 좋지 않았다. 서재필의 딸 뮤리엘도 필라델피아에서 디트로이트의 유일한과 연락하면서 샘플디자이너로 이 사업에 참여했다. 이 회사는 1927년 봄까지 유지되었으나, 서재필은 1926년 9월부터 의학공부를 다시 시작하여 경영 일선에서 물러났다.

의학 공부 재개와 의사로 복귀

서재필은 만 62세의 늦은 나이에 펜실베니아대학 의학부에 특별학생으로 등록하여 의학공부를 다시 시작했다. 의사로 되돌아가고 싶었지만, 의학계를 떠난 지 거의 20년이 지나 의학에 관한 재교육이 필요했던 것이다. 그는 집을 담보로 2,000달러의 빚을 내어 1926년 9월 특별학생으로 등록하여 임상병리학·면역학·혈청학·백신치료법 등을 공부했고, 1927년 봄에는 비뇨학·피부학 등도 공부했다. 그가 의학공부를 재개하자 그의 부인과 식구들도 매우 기뻐했다. 서재필은 그 때의 상황을 1935년 1월 4일자 『동아일보』에 기고한 글에서 이렇게 회고하고 있다.

"제1차 세계대전이 끝나고 윌슨 미국 대통령이 제창한 민족자결주의로 인하여 한국에서는 아연 독립운동이 일어나 기미년 3월 1일에 대한 독립 만세소리는 국내 방방곡곡에 들리고 해외에 흩어져 있는 수많은 정치 망명가들도 국내 민중에 호응하여 각기 그 역량을 다하여 조국 광복에 일제히 궐기하였다. 미국에서는 이승만 박사를 중심으로 모든 재미동포가 독립운동에 진력하게 되었는데, 나도 3년 가까이 이 운동에 나의 시간과 재산을 모조리 바쳤다. 그리하여 나는 사실상 파산되고 말았다. 무일푼이 된 나는 이제 가족의 부양을 위해서 다시 무슨 일이든 하지 않을 수 없게 되었다. 다시 사업을 경영하려고 해도 자본이 없었다. 유일한 방도는 한 번 더 의학을 연구하여 학문과 기술이 모두 시대에 뒤떨어지지 않게 하는 길이었다. 나는 펜실베이니아대학에 연구생으로 들어가서 2년간의 수련을 쌓았다. 그 2년이 지난 다음 나는 펜실베이니아 어느 병원에 취직이 되었다가, 몇 년 후에 레딩에 있는 그보다 큰 병원으로 전임이 됐다.”

1927년 1월 1일자 『동아일보』

그는 의학 재연수를 마쳤으나, 자금이 없어 병원을 개업할 수 없었다. 그리하여 우선 병원에 취직하여 일하면서 병리학을 연구하여 의학 잡지에 발표하기도 하였다. 1930년에서 1931년에는 필라델피아 서부 레딩에 있는 성 요셉병원St. Joseph Hospital에서 병리학자로 근무하였고, 1932년에는 웨스트버지니아주 찰스톤종합병원Charleston General Hospital에 초빙되어 그곳에서 1934년 봄까지 병리학자로 근무하였다. 그는 그 동안에 다음과 같은 연구 논문들을 의학지에 발표하였다.

- 「척추 종양에 대한 진단 상 도움이 되는 척수의 물리적, 화학적 변화」, 『펜실베이니아 의학 신문』 1931년 10월
- 「버크셔Berks지방의 유행성 선모충병」, 『펜실베이니아 의학 신문』 1930년 10월
- 「여덟 살 아동에게 나타난 난소 육종」, 『미의학협회보』 95권, 1933년 10월
- 「피부암」, 조단Dr. E. V. Jordan과 공동 연구, 『미의학협회보』 100권, 1933년 4월
- 「호르몬의 영향 아래 정상적인 세포가 암 세포로 변화하는가?」, 『서부 버지니아의학 저널』 9호, 1934년 9월

그러나 지나치게 과로했던 탓인지 1934년 봄 무렵 그는 폐병에 걸렸다는 의사의 진단을 받았다. 서재필을 진단한 의사는 병세가 과중하지 않으므로 요양소에 들어가 몇 달이나 1~2년 요양하면 치유될 가능성이 있다고 했다. 그는 권고에 따라 웨스트버지니아 산중에 있는 파인크레스트요양소에 들어갔다. 요양소의 담당의사는 그에게 차도가 날 때까지 움직이지 말고 누워서 쉬고, 아무 생각도 하지 말고, 독서도 하지 말고, 먹고 자기만 하라고 지시했다. 서재필은 훌륭한 의사이기도 했지만, 훌륭한 환자였다. 담당의사의 지시대로 충실히 따랐다. 몇 달이 지나자 병

세가 점차 나아지고, 체중도 늘었다. 병세가 차도를 보이자 미국종양병협의회 연구에도 참여하고, 요양원 환자들을 돌보기도 했다. 1934년 7월경에는 집으로 돌아와 휴양을 계속했다.

서재필이 병들어 요양 중이라는 소식이 1934년 11월『신한민보』를 통해서 미주동포들에게 전해지자 동포들 사이에 위로금 모금운동이 전개되었다. 같은 신문 1935년 1월 31일자에서도 「서재필 박사를 도웁시다」라는 제목으로 다음과 같이 호소하고 있다.

최근 서재필 박사는 늙고 병들어 치료를 받는 중 형편이 어려워 동포의 도움을 받게 되었답니다. 하와이·멕시코 및 쿠바에 재류하는 우리 동포는 다 같이 서재필 박사를 도웁시다. 늙고 병든 이를 돕는 것을 보통 자선이라고 하지만 우리들이 서박사를 돕는 일은 민족적 공리요 민족적 감사심이오 민족 혈통에 느끼는 정이라고 합니다. 서재필 박사는 한국혁명의 원조요, 서재필 박사는 한국신문의 원조요, 또 서재필 박사는 광무시대와 및 그 후 독립운동 당시 외교의 고문이었습니다.

모금된 금액은 많지 않았으나 모금 되는대로 서재필에게 전달되었다. 그는 자신을 잊은 줄 알았던 동포들의 도움을 받고 감격하였다. 1935년 2월 21일자 같은 신문에 다음과 같은 감사와 함께 자신의 정황을 알리는 편지를 실었다.

당신을 경유하여 몬타나에 있는 한인 친구들이 나에게 기부금을 보내준

데 대하여 그들에게 무한히 감사하나이다. …… 그런고로 귀보를 통하여 나의 진심으로 고마운 말을 그들에게 전해 주기를 바라나이다. 나는 과거 수년 동안 '웨스트버지니아 찰스톤'에 있는 병원에서 의사로 일하였습니다. 그러나 지난여름에 나는 병이 나서 위생병원에 입원하여 오랫동안 쉬게 되었습니다. 병원에서 일하기가 매우 어려운 것은 침식을 일정한 시간에 하지 못하며 내가 치료시켜주는 환자들을 간호하기에 나의 기력이 항상 소모되었나이다. 나의 건강이 그와 같은 고역에 더 계속할 수 없는 까닭에 의사들이 생각하기를 1년이나 2년 동안 정양해야 된다고 하였습니다. 나는 지금 지난 가을보다 퍽 나은 모양이나 그러나 나의 육체가 전과 같이 건강하지 못함이 유감이지만, 나의 생각하는 기관은 여전히 작용함을 기뻐하나이다.

과거 7개월 동안 병석에 눕게 된 바 우리의 저금하였던 것은 다 소모되고 또한 내가 일을 한다고 하면 자살이나 다름없이 되었으매 우리의 재정상 현상은 말할 여유도 없습니다. 그러나 나는 아직까지도 누구에게 구조를 청하기는 원치 않으며 우리가 할 수 있는 대로 자조의 생활을 하려고 시험 중입니다.

나 자신을 위하여 근심하지 않은 것은 만일 이것이 하나님의 뜻이라면 내가 지금 세상을 떠나가더라도 유한이 없으리만큼 오래 살았으나 그러나 나는 나의 가족을 위하여 크게 실심됩니다. 그들이 빈궁의 고통을 당할 이유가 없는데 모든 것이 그들의 잘못이 아니고 나의 허물입니다. 만일 내가 좀 주의하였더라면 그들의 생활비를 만들어 주었을 것이나 그러나 나는 일찍이 돈에 대하여 주의하지 않았고, 내가 조금 번 것을 내가 옳다고 생각하는 조국과 조국의 무보호한 동포들을 위하여 써버리고 말았습니다. 나는 결코 이것을 후회하지 않으며 만일 내가 기회가 있다면 또 다시 그렇게 하렵니다.

의사들이 말하기를 만일 내가 병원 일을 다시 하게 되면 생명이 위태하리라고 하매 나는 그 일을 할 수 없고 지금 내가 하여보려고 생각하는 것은 이 타운이나 혹 부근 타운에서 진료소를 열고 사사로이 영업을 하는 것인데 이것은 나의 건강의 큰 손해가 없이 생활할 수가 있습니다. 그러나 오직 문제되는 것은 의원의 사무실을 설비하는 데 요구되는 돈이웨다. 약 2천 원이 있어야 할 터인데 내가 지금 그 돈을 변통할 수가 없습니다.

나는 미국 친구들에게 나의 곤란한 사정을 말하기 원치 않고, 또한 한국 친구 중에서는 나를 재정으로 도와줄 사람이 없습니다. 내가 한국에 있는 친구들에게 빚을 청구하여 본 일이 있었으나, 아직까지 회답조차 없습니다. 내가 생각하기는 그들이 일본인의 세력이 무서워서 나를 도와주기 원치 않는 것 같습니다. 나는 장래에 어떻게 될 것을 알 수 없으나, 그러나 생명이 있는 동안에는 희망이 있는 줄 압니다.

이 편지에는 서재필의 자존감과 자립심, 가족에 대한 책임의식, 조국에 대한 사랑과 낙천적인 성격이 잘 드러나 있다. 임창영은 그가 쓴 『위대한 선각자 서재필 박사 전기』에서 1932년 초 서재필이 김성수에게 5,000불을 빌려달라는 편지를 보냈으나, 보성전문학교 구입 후 재정적 부담으로 그만한 금액을 빌려줄 수 없어 결국 거절했다고 한다. 그렇지만 1935년 5월 14일자 『윤치호 일기』에는 김성수가 1,000엔, 동아일보 사에서 1,000엔을 서재필에게 보내기로 결정하고, 1,000엔 정도를 더 모금하여 3,000엔을 보내려 한다고 했다. 윤치호는 이 말을 듣고, 자신도 500엔을 내겠다고 약속하였다. 이 돈이 서재필에게 전달되었는지는 확실치 않다. 『신한민보』의 서재필돕기모금운동도 1935년 7월까지 계속되었다. 마침내 서재필은 이듬해인 1936년부터 건강을 회복하고 개인 병원을 개업하였다. 처음에는 전국적인 불경기로 병원을 찾는 환자들이 많지 않았으나, 유능하고 헌신적인 의사라는 소문이 퍼지면서 다른 의사를 더 두어야 할 만큼 찾는 환자들이 많아졌다. 서재필의 의사로서의 명성이 다시 알려지면서 여러 공립학교 구역과 사립학교들의 담임의사를 맡아 바쁜 날을 보냈다. 그러던 중 1941년 8월경 평생 조력자였던 부인 뮤리엘 암스트롱이 먼저 세상을 떠났다.

조국에 대한 관심과 기고 활동

서재필은 1925년 8월 24일 『신한민보』 주필에게 편지를 보내 범태평양회의를 위한 여행 때 동포들의 친절과 환영에 감사하면서, '우리 동포의 통일'을 강조하였다. 그리고 아직도 '우리 민족의 공익'을 위하여 일하고 싶은 소망을 피력하였다.

"나는 9월 1일부터 우리의 신산업 즉 금년 봄에 시작한 것(유한주식회사)을 위하여 활동하려 하나 그러나 나의 하와이 여행(범태평양회의 참석) 때문에 다소간 정체되었소. 나는 나의 개인생활을 위하여 일하는 것보다 우리 민족의 공익을 위하여 일하고 싶지만, 현재에는 나 할 일이 그 것뿐인 듯하오."

서재필은 마지못해 독립운동의 일선에서 물러났지만, 민족을 위해서 일하고자 하는 마음이 변한 것은 아니었다. 그는 고국의 사정에도 늘 관심을 기울이고 기회가 있을 때마다 신문과 잡지에 글을 기고하여 동포들과 소통하고자 하였다. 1926년 10월호 『동광』에도 편지를 보내 고국의 사정을 늘 기별하여 달라고 부탁하였다.

"나는 나이가 너무 많아지기 전에 꼭 한번 고국 땅을 밟고 싶소. 그러나 그것은 바라지 못할 소망인가 보오. 한국에 대한 모든 사정을 늘 기별하여 주면 매우 감사하겠소. 진상을 아는 것은 사사로운 편지밖에 없습니다."

거의 같은 무렵인 1926년 10월 25일에 대한민국임시정부 국무령 김구에게도 편지를 보내 교양사업을 힘써 사람들이 자유를 생명보다 한층 더 갈망하게 되는 날이 속히 이르게 할 것이라며 교양사업에 힘써 줄 것을 당부하고 있다. 임시정부가 존속조차 어려운 원인은 우리 사람들의 다수가 아직까지 자유와 자주에 대하여 절실히 갈망함이 적었던 까닭이라는 것이다.

"우리 민족이 일본인을 축출하고 자기의 정부를 제제帝制하거나 공화共和하거나 자기로 가지고자 하는 뜻과 바램은 없지 않지만, 그 욕망이 아주 절실하여 어떠한 기회라도 다 이용하려는 데까지는 이르지 못한 것 같다. 그래서 우리 사람들이 이 목마른 사람이 물을 구하는 것 같이 죽기까지 한하고 그 정치적 독립을 얻기까지 힘쓰지 않는 것이다."

이것은 서재필이 우리 민족에게 어떤 것을 기대했고, 자신이 어떤 마음가짐으로 독립운동에 뛰어들었는지를 보여주는 대목이다.

그래도 그는 한국 독립의 희망을 버리지 않았다. 나중에 그의 비서가 된 임창영은 1932년 미국에서 처음으로 그를 찾았을 때의 이야기를 다음과 같이 전한다.

"한국의 독립운동은 이제 희망이 없느냐고 묻자, 그는 절대로 그렇지 않다고 대답하면서 한국의 자유는 정치적인 문제만이 아니라고 주장했다. 그것은 도의적으로 불가피한 임무라고 했다. 일본이 한국에서 저지른 바와 같이 한 국가를 겁탈한다는 사실은 하나님에 대한 선전포고라고 하면서 지상의 어떤 세력도 하나님을 굴복시킬 수 없다고 역설했다. 민중이 하나님을 저버리기를 거부하고 하나님의 편에 서서 힘을 합친다면 조선이 해방될 것임을 그는 확신했다."

1931년 9월 일제가 다시 대륙을 침략해 조선의 독립이 더 멀어진 상황이었지만, 그에게 조선의 해방과 독립은 이런 상황과 상관없이 정치적인 문제일 뿐만 아니라 도덕적인 당위의 문제였다. 그래서 그것에 대한 방해와 거부는 하나님께 대한 선전포고이며, 하나님은 분명히 이런 세력을 멸망시키고 억눌린 민족을 해방시킬 것이라고 확신했다.

그의 조국에 대한 애정은 나이가 들수록 더 깊어만 갔다. 1934년 10월 폐병으로 요양하면서도 동아일보사장 송진우에게 편지를 보내 조국에 대한 그리움을 이렇게 고백하고 있다.

"나는 죽기 전에 일차 귀국하고 싶은 마음은 간절하나 그것이 어느 때에나 실현될지 말할 길이 없습니다."

1936년 9월에도 임시정부에 장문의 편지를 보내 격려하면서 한국의 해방을 위해 더욱 힘써 줄 것을 당부하였다.

지금 임시정부 국무원으로 있는 이들이 일치하여 한국 백성의 정신적 대표기관인 임시정부를 지지하는 데 대하여 사의를 표하고 …… 이익만 본위로 한 세계 열국의 국제적 정세를 말한 후 다시 인생으로서 그 생명보다 더 보배롭고 귀한 것은 자유인의 권리와 위엄이요, 정치 노예의 생활을 해방하는 것이 무엇보다도 가장 가치 있는 것이며, 또 한국의 해방은 오직 한인의 손으로야만 될 것이다. 끝으로 임시정부에 당국한 이들이 이 정신을 일반 청년에게 넣어주어서 좀 더 용감하고 조직적인 국민이 되어 끝까지 살아서 자손만대의 자유를 회복케 하도록 힘써 주기를 희망한다.

서재필은 틈틈이 국내외 신문·잡지의 원고 청탁에도 성실하게 응했다. 글을 통해서나마 동포들과 소통하고, 그들을 깨우치고자 했던 것이다.

태평양전쟁과 조국해방의 준비

서재필은 일찍부터 미국과 일본 사이의 전쟁을 예견하고 있었다. 태평양전쟁이 일어난 해 봄인 1941년 4월호 『의용보』에 그는 「미국 국방운동에 우리 한인의 공헌할 바가 무엇인가」라는 제목의 글을 발표하였다.

"미국 본토와 하와이 그 외 미국 영지에 사는 한인들에게 필자가 간절히 부탁하는 바는 다만 미국을 칭찬만 할뿐 아니라 진심으로 이 나라를 사랑하여서 각각 자기가 가진 재간대로 도와주시기를 바랍니다. 이렇게 하는 것이 우리가 이 나라에 사는 책임만 다하는 것이 아니라 간접적으로 미국이 우리 민족을 도와주려는 성의를 발하게 하는 큰 힘이 되는 것을 잊지 말기를 바랍니다. 어느 나라나 이는 민족으로나 무력적으로 침략하는 나라를 대항하여 싸워주는 이는 다 우리 민족의 친구요, 그 반대로 삼국동맹을 도와주는 이는 우리 민족의 원수입니다. 앞으로 어떤 형편이 우리 앞에 전개되든지 우리 한국민족은 이상적인 민주주의와 인류에게 행복을 끼친 기독교 문명을 추앙하며 따라서 이 혜택 밑에서 우리 민족이 완전히 해방되리라고 깊이 믿습니다."

같은 무렵인 1941년 4월 20일 하와이 호놀룰루에서 미주의 국민회·동지회·대조선독립단 등 9개 단체 대표들이 모여 재미한족연합위원회를 발족하였다. 이 위원회는 미·일간의 전쟁이 임박한 때에 한인사회가 단결하여 임시정부를 지지하고, 워싱턴에 외교위원부를 설치하여 대미외교를 강화하며, 독립금을 모아 임시정부와 외교위원부를 지원하자는 취지였다. 위원장에는 임병직이 선출되고, 이승만을 외교위원장으로 선출했다. 이승만은 이를 근거로 임시정부에 신임장을 요구했고, 6월 4일자로 임시정부에서 신임장을 보내와, 워싱턴에서 외교위원부의 활동이 재개되었다. 그러던 중 마침내 1941년 12월 8일 일제가 하와이 진주만을 기습하여 태평양전쟁을 일으키자, 임시정부도 대일선전포고를 하게 되었고, 임시정부의 주미외교위원부 위원장으로서 이승만이 이를 미국무부에 전달하였다.

1942년 초부터 이승만을 중심으로 한 주미외교위원부는 재미한인들의 단결을 도모하고 미국에 임시정부의 승인을 요구하며, 한국독립의 당위성을 알리기 위한 대규모 대회를 계획하였다. 1942년 2월 27일부터 3월 1일까지 3일간 워싱턴 백악관 바로 앞에 있던 라파예트호텔Lafayette Hotel에서 개최한 한인자유대회Korean Liberty Conference가 그것이다. 이 대회는 주미외교위원부를 후원하는 한미협회Korean-American Council와 재미한족연합위원회가 공동으로 개최하였다. 미주 각 지역에서 온 한인 100여 명과 워싱턴의 저명한 정객들이 참석한 가운데 열린 이 대회에서는 3·1운동 23주년을 기념하고, 재미한인의 독립의지를 과시함과 동시에 미국 정부에 임시정부 승인과 광복군에 대한 지원을 촉구하는 결의안을 채택했다. 서재필도 이 대회에 참석하여 이렇게 연설하였다.

"나는 오늘 밤 무엇보다도 내 개인적인 소망을 말씀드리고 싶습니다. 나의 한국인과 미국인 친우들은 나에게 동의할 것입니다. 내가 몇 년간 한·미협력에 관해서 말해온 것은 행운이자 불행이었습니다. 지금은 서거하신 한국의 황제가 생존해 계셨을 때, 나는 그분과 한국 국민에게 한·미협력에 관해 말씀드렸었습니다. 그러나 그것은 내가 바란 만큼 실행되지는 않았습니다. …… 나는 미국에 돌아온 후에도 한·미협력을 역설했습니다. 나는 자기중심적인 동기에서 그것을 강조한 것이 아니었습니다. 나는 한국인들은 미국에서 많은 것을 배울 수 있고 미국인들은 한·미협력으로 많은 이득을 볼 수 있다고 생각했습니다. …… 한·미협력은 미국보다 한국에 더 필요합니다. 그러나 미국은 모든 국민이

라파예트호텔

워싱턴 라파예트호텔에서 열린 한인자유대회(1942.2.27)

기독교 문화를 보호하고 보존하려는 한국에 협력하기를 바라고 있습니다. 우리는 한국이 온순하고 무기가 없는 작은 나라라고해서 이 나라를 무시해서는 안 됩니다. 이 전쟁은 민간인 전쟁입니다. 병사는 전선에서, 민간인은 가정에서 싸우고 있습니다. 우리는 같은 이상·같은 신앙·같은 정의를 가지고 있습니다. 미국 사람들은 한국 사람들을 형제나 친구로 대해야 합니다. 이렇게 하는 것은 미국뿐만 아니라 미국 문화를 중요하게 간직하는 데에도 도움이 될 것입니다. 한국 사람들은 미국을 필요로 합니다. 한국의 가장 시급한 요구는 일본의 멍에에서 자유로워지는 것입니다. 그것이 한국의 주요 목적이며 저는 만일 미국이 한국을 정신적·물질적으로 지원한다면 한국은 자유를 찾을 수 있을 것이라고 생각합니다. …… 만일 여러분께서 한국 사람들에게도 싸울 수 있는 기회를 준다면 그들은 여러분을 위해서 싸울 것입니다. 이 위급한 위치에서 저는 미국이 한국에 가까이 있는 자유의 땅 중국에 망명해 있는 한국정부를 승인해야 한다고 생각합니다. 망명 정부의 승인은 전혀 새로운 일이 아닙니다. 여러분은 6개국 내지 그 이상의 나라를 승인하고 있습니다. 그런데 왜 한국은 승인하지 않습니까? 여러분이 한국을 승인하면 무엇을 잃게 됩니까? 여러분은 한국을 승인한다면 모든 것을 얻게 되며 일본인의 우정 외에는 아무것도 잃지 않습니다. 여러분은 지금도 일본인의 우정을 원하십니까? 그러면 12월 7일을 상기하여 보십시오. 그것이 선한 미국 국민에 대한 일본의 보답입니다."

서재필은 이 대회의 폐회 연설도 담당했는데 여기서도 이렇게 호소하고 있다.

"우리는 이제 우리나라(미국)와 세계를 위해서 싸워야만 합니다. 우리는 이 전쟁에서 최선을 다해야만 합니다. 우리 미국은 우리의 임무를 완수해야만 하며, 한국은 작은 나라이지만 이 전쟁에서 승전을 하리라고 생각합니다. 2천 3백만 한국 국민은 일본인과 싸울 준비가 되어 있습니다. 여러분의 과제는 간단한 것입니다. 여러분은 50년간 여러분의 말에 의지해 온 여러분의 지구 반대편에 있는 국가를 도와주십시오. 그것은 여러분과 한국과 세계의 이익을 위한 것입니다."

태평양전쟁이 일어나자 서재필은 즉시 미군 징병검사 의무관으로 자원하여 봉사했다. 영문으로 요약된 서재필의 경력에 따르면 그는 이러한 공로로 1941년부터 1945년까지 5차례나 해마다 미국 대통령표창을 받았고, 전쟁이 끝난 해에는 미국 정부로부터 훈장을 받았으며, 1946년에도 미국의 재향군인회로부터 표창을 받았다.

해방된 조국을 위한 마지막 봉사　12

1945년 8월 15일, 일본이 연합국에 항복함으로써 우리 민족은 일제의 식민지배에서 해방되었다. 우리 민족에게 독립된 나라를 다시 세울 수 있는 기회가 찾아온 것이다. 그러나 이렇게 맞은 해방은 선열들의 끈질긴 독립운동에도 불구하고 연합국으로부터 우리 민족이 독립과 해방의 주체로 인정받지 못했다는 점에서 염려가 없지 않았다. 당시 중국 중경에 있던 대한민국임시정부 주석이었던 김구는 그 우려를 이렇게 적었다.

"'아! 왜적倭敵이 항복!' 이것은 내게는 기쁜 소식이라기보다는 하늘이 무너지는 듯한 일이었다. 천신만고로 수년간 애를 써서 참전할 준비를 한 것도 다 허사다. 서안과 부양에서 훈련을 받은 우리 청년들에게 각종 비밀한 무기를 주어 산동에서 미국 잠수함을 태워 본국으로 들여보내어서 국내의 요소를 혹은 파괴하고 혹은 점령한 후에 미국 비행기로 무기를 운반할 계획까지도 미국 육군성과 다 약속되었던 것을 한 번도 해보지 못하고 왜적이 항복하였으니 진실로 전공이 애닯고 아깝기도 하거니와, 그보다도 걱정되는 것은 우리가 이번 전쟁에 한 일이 없기 때문에 장래에 국제간에 발언권이 박약하리라는 것이다."

이러한 우려는 우려에 그치지 않고 그 후에 미소 양군의 진주와 우리 민족이 원치 않은 남북분단이라는 현실로 드러났다. 일제가 항복하자, 북위 38도선을 경계로 북쪽에는 소련군이 남쪽에는 미군이 진주하였다. 38선은 소련군의 남하를 저지하기 위해서 미국이 제안하여 합의한 일본군의 무장해제를 위한 경계선이었다.

38선 이남에 진주한 미군은 건국준비위원회가 중심이 되어 조직한 조선인민공화국은 물론 중국에 있던 대한민국임시정부도 인정하지 않았다. 대신 그들은 곧 바로 군정軍政을 실시하였다. 진주군 사령관 하지John R. Hodge는 처음에는 일본의 총독 통치를 그대로 유지하고 이용하려고 하였으나, 한국민들의 반대와 연합국 총사령부의 압력 때문에 부득이 조선총독을 파면시켰다. 하지만 조선총독부의 행정 기구와 그곳에서 일하던 한국인 관리들은 그대로 인계받아 군정을 실시하였다. 이러한 상황은 친일세력을 청산하고 즉각적인 자주독립을 기대했던 우리 민족의 기대와 의사에는 어긋난 것이었다.

조국이 해방되자 해외에서 활동하던 동포들과 애국지사들도 속속 귀국하였다. 미국에서 활동하던 이승만이 1946년 10월 16일 귀국하였고, 중국에서 활동하던 김구·김규식을 비롯한 대한민국임시정부 요인들도 11월과 12월에 나누어 귀국하였다.

해방 후 남한정국은 각종 정당 사회단체가 난립하여 대단히 혼란스러웠다.

그러는 가운데 1945년 12월 27일 소련의 모스크바에서 열린 미국·영국·소련 3국 외무장관 회담에서 한반도 신탁통치안을 합의·발표하였다. 이 안은 한국의 독립을 위해 임시정부를 세우되, 독립능력을 갖출 때까지 최장 5년을 기한으로 미국·영국·중국·소련 4개국이 신탁통치를 한다는 것이었다. 그리고 이러한 방책들을 협의하기 위해서 2주 이내에 남한의 미군사령부와 북한의 소련군사령부에서 대표를 보내 미소공동위원회를 설치하여 운영키로 했다. 이 소식은 남한의 정국을 반탁시위反託示威로 들끓게 했다. 더욱이 그동안 숨죽이고 있던 친일세력들까지 반탁반소시위로 재기를 꾀하여 혼란을 가중시켰다.

1946년 1월 예비회담을 거쳐 3월 제1차 미소공동위원회가 열렸으나, 임시정부 수립에 관한 협의에 참여할 정당과 사회단체의 선정을 둘러싸고 의견이 대립하여 5월 6일 다시 모일 기약도 없이 결렬되고 말았다. 그러자 이승만이 1946년 6월 3일 전북 정읍에서 다음 같은 발언을 남겼다.

"이제 우리는 무기 휴회된 미소공동위원회가 재개될 기색도 보이지 않으며, 통일정부를 고대하나 여의케 되지 않으니, 우리는 남방만이라도 임시정부 혹은 위원회 같은 것을 조직하여 38이북에서 소련이 철퇴하도록 세계 공론에 호소하여야 될 것이니."

이것은 남한 단독정부 수립을 시사하는 발언이었다. 남한 단독정부를 수립하고자 하는 이승만을 중심으로 한 우익세력에 여운형·김규식

등이 좌우합작위원회를 조직하여 맞섰다. 미군정도 남한에서의 극심한 좌우대립을 완화시킬 목적으로 좌우합작운동을 벌이는 중도 세력을 지원하였다.

서재필을 환국시키려는 의견은 이 무렵에 제기되었다. 하지 장군에게 서재필의 환국을 건의한 것은 김규식이었다. 하지는 자신의 정치고문인 랭돈을 통해서 연합군사령관에게 1946년 9월 21일자로 미 국무성에 전달하는 전보를 보냈다. 하지는 이 전보에 서재필의 약력을 소개하고, 그를 특별고문관으로 임명하려는 이유를 밝혀두고 있다.

현재의 정치적 혼동과 과열상태에서 현대 한국에서 정치 개혁운동을 창시하여 명성을 날리고, 역사적인 일들에 연관을 가진 서재필 같은 존경받는 위인이 한국에 온다면, 타협을 이룩하고 이성을 되찾는 데 좋은 영향을 끼칠 수도 있고, 우리 사령부에게 현명한 자문도 하여 줄 수 있을 것입니다. 이승만은 서재필 씨가 그를 능가할 수 있을 것이기 때문에 그가 이곳에 오는 것을 반대하고 있는 것으로 알려져 있습니다만, 그렇게 된다면 현 시점에서 우리에게 유리할 것입니다. 좌익의 지도자인 여운형은 사사로운 자리에서 서재필을 환영한다고 말했으며 현 정치 단계에서 그가 유용할 것이라고 말했습니다.

하지 장군은 (국무성이) 서재필에게 (환국 의사를) 타진하기를 바라며, 만일 그가 여행을 할 수 있고 정신적으로 건전하다면 한국을 위한 특별고문으로 임명하기 바라며 국무성의 예산이나 또는 국방성이 국무성에게 경비를 지불하도록 바라고 있습니다. 조속한 시일 내에 회답하시기 바랍니다.

존 하지와 서재필

이 전보는 곧바로 국무성에도 전해졌고, 국무성은 하지 장군에게 10월 3일자 전보로 서재필의 건강 상태가 좋지 못하다는 회신을 보냈다. 하지는 이 전보를 받고 서재필의 귀국 요청을 철회했다.

한편 미군정은 1946년 12월 남조선과도입법의원을 출범시키고, 김규식이 의장을 맡았다. 김규식의 끈질긴 요청으로 서재필의 귀국도 다시 추진되었다. 미군정으로서도 서재필 같은 인물이 꼭 필요했다. 하지는 1947년 1월 13일 미 국무성으로 전보를 보내 다시 서재필의 환국을 요청했다.

이 전보는 서재필이 하지 중장의 특사를 만나 귀국을 승낙한 이후에 보내진 것으로 보인다. 바로 전에 하지는 휴가차 귀국하는 자신의 참모에게 서재필을 찾아가 한국의 상황을 설명하고 귀국 의사를 물어본 뒤, 보고하도록 했던 것이다. 1947년 3월 초 하지가 사무연락차 워싱턴에 갔을 때도 서재필을 직접 만나, 한국 사람의 이익을 위해 그리고 미군정에 도움을 주기 위해 서울로 와 달라고 부탁했다. 이에 서재필은 이렇게 답했다.

"나는 이미 노령으로 아무 야심도 없다. 나는 지위도 원치 않고 명예도 바라지 않는다. 나의 유일한 관심은 국민교육에 있다. 만일 진정으로 한국 사람들이 나를 원하고 내가 감으로써 나의 사랑하는 조국 국민을 자유와 독립과 번영으로 인도하는 데 조금이라도 도움이 된다면, 나는 조금도 주저하지 않겠다."

하지는 서재필의 귀국 수락을 김규식에게 알렸고, 김규식은 3월 3일 입법위원에서 하지로부터 서재필이 미군정의 최고고문으로 귀국하게 되었다는 통보를 받았다고 보고했다.

서재필은 3~4월경 배를 타고 귀국하기 위해 육로로 샌프란시스코 항까지 갔으나, 건강이 좋지 않아 집으로 돌아갔다. 그는 다시 6월에 배로 미국을 출발하여 7월 1일 그의 딸 뮤리엘과 함께 인천항에 도착했다. 49년만의 귀국이었다.

"나의 귀국은 실로 49년만이다. 이번에 오게 된 것은 미국시민의 자격으로 왔으나, 개인으로서 의정議政을 돕기 위해서 온 것이다. 앞으로 약 6개월간 체재할 예정이다. 짧은 시일이나마 젊은이들에게도 많은 관심을 돌려서 지도에 노력하겠다."

프란체스카, 하지, 서재필, 뮤리엘, 이승만

서재필을 마중나온 김규식(좌)과 여운형(우)

서재필은 조선호텔에 여장을 풀었다. 미군정 최고고문이자 과도정부 특별의정관으로 미 군정청에서 7월 3일부터 공무를 시작했다. 그는 우선 남한의 각 단체의 실태를 파악하기 위해 7월 17일 각 단체 대표자에게 다음과 같은 질의서를 보냈다.

친애하는 친구 여러분! 여러분이 아시는 바와 같이 나는 고문의 자격으로 한국 국민에게 봉사할 목적만 가지고 한국에 귀국했습니다. 그러므로 상이한 정치·경제·사회 그리고 문화단체들의 지도자들 및 적극적인 참가자들이 가지고 있는 여러 견해와 목적에 관해 알 수 있는 데까지 아는 것이 나의 임무라고 생각합니다. 내가 이와 같은 사실을 알게 되면 어떤 계획을 세울 수 있을 것이고, 그런 계획을 통해 이 여러 단체들에게 어떤 형태의 도움을 드릴 수도 있을 것 같습니다. 불필요한 장문을 피하기 위해 간단히 서면으로 귀하께서 대표하시는 단체의 주요 목적을 기술해 주시고 또한 내가 참고하기 위해 아래 질문 사항에 대답해 주시면 고맙겠습니다.

1. 귀하와 귀하의 단체는 남북이 하나의 독립된 민주한국정부 밑에 통일되는 것을 주장하십니까?

　가. 만일 그렇다면 시간 낭비와 혼란을 가져오지 않고 통일을 달성하기 위해 한국 국민이 선택해야 할 최선의 방책은 무엇이라고 생각하십니까?

　나. 만일 그렇지 않다면 그런 통일을 원치 않는 이유를 밝혀 주십시오.

2. 귀하와 귀하의 단체는 순수한 민주정치 다시 말해서 유권자 대다수가 국민투표로 국가의 각 문제를 결정하는 민주주의를 주장하십니까?

3. 귀하와 귀하의 단체는 한국의 경제정책에 관해 무엇을 주장하십니까? 귀하는 개개인 시민들에 의해 이익이 추구되는 자유 기업제도를 원하십니까? 아니면 모든 사업체와 산업체가 공공관할과 정부의 지시를 받는 사회주의 이론을 원하십니까?

4. 전에 일본정부나 일본인들이 소유하거나 지배했던 재산을 어떻게 하기를 원하십니까?

5. 귀하는 민주국가에서 소수의 권리의 불가침성을 믿으십니까?

6. 개인의 자유에 대한 귀하의 정의는 무엇입니까?

서재필에게 각 분야의 저명인사들도 찾아와 면담했다. 그가 귀국한 후 첫 한 달 동안에 접견한 손님이 무려 100여 명에 이르렀다. 이 무렵인 1947년 8월 15일 제2주년 해방기념식이 서울운동장에서 성대하게 열렸다. 식장에는 하지 중장을 비롯하여 러취 브라운 양 소장급 일전 인천항에 입항한 미국극동함대사령관 브레소 대장, 소련 측으로는 쉬티코프 중장, 발라사노프 장군, 중국대표 유어만劉馭萬 총영사, 프랑스 프나파드 총영사, 영국 킬 몬드 총영사와 이승만·김구·안재홍 민정장관 등 내외귀빈 다수가 참석했다. 서재필도 이 기념식에 참석하여 기념 연설을 했다. 여기에는 서재필이 평생을 추구해 왔던 '해방과 독립'에 대한 생각이 잘 드러나 있다.

"지금으로부터 약 60년 전 소수의 젊은 한국인들이 한국 언어에 새

서재필 귀국 환영회

로운 단어 두 가지를 도입했습니다. 그 두 단어는 '해방'과 '독립'이었습니다. 당시 지배층은 이 두 단어가 의미하는 바가 매우 위험하다고 생각했고, 그래서 이 소수의 젊은이들을 죽이려고 했습니다. 그리고 몇 명을 죽였지만 모두를 죽이지는 못했으며, 바로 제가 그들이 죽이지 않은 나머지 가운데 한 사람입니다.

제 생의 젊은 날에 그 경험을 하고 오늘 한국 해방의 두 번째 기념일을 축하하는 이 기념식을 보고 있자니 만감이 교차합니다. 여러분은 여러분들이 자유롭게 해방되었기 때문에 이날을 축하하고 있으며, 이 축하하는 여러분이 이제 해방과 독립을 믿고 있음을 보여주는 것입니다. 모든 사람들이 '해방'과 '독립'이라는 말을 아주 자유롭게 쓰는 것을 보니

60년 전 그 소수의 젊은이들이 뿌린 씨가 싹 튼 것 같습니다. 저는 이 커다란 변화에 기쁨을 느끼며, 하나님께서 오늘의 이 축하에 제가 함께할 수 있도록 해주신 데 대해 감사드립니다.

해방이란 속박이나 구속으로부터 자유롭게 되는 것을 의미합니다. 여러분은 근 40년 동안 여러분을 구속했던 속박으로부터 풀려났기 때문에, 이날을 기쁨과 감사로 축하하는 것이 당연합니다. 그러나 동시에 여러분은 자유에 동반되는 커다란 책임을 잊어서는 안 됩니다. 이 책임은 온전히 여러분들의 것이며, 여러분은 용기와 지혜를 갖고 이기심을 버리고 이 책임을 다해야 합니다. 또한 저는 여러분이 일본인들의 속박에서는 벗어났지만 아직 경제적인 구속을 받고 있으며, 그 속박은 전반적인 정치적 지식과 경험의 부족으로 비롯된 것이라는 사실을 상기시켜 드리고 싶습니다. 이러한 나머지 속박을 없애는 것은 여러분의 의무입니다. 결코 쉬운 일은 아니지만 한국인 전체가 조국을 더 이상 정치적이나 경제적인 구속이 없는 자유롭고 독립적인 민주국가로 만들겠다는 하나의 목적으로 뭉쳐서 노력한다면 불가능한 것도 아니라고 믿습니다.

여러분들의 힘만으로는 이겨낼 수 없지 않을까 우려가 되는 한 가지 구속이 더 있습니다. 그것은 바로 이 나라를 둘로 나누고 있는 38선입니다. 이렇게 나라를 절단한 것은 여러분이 아니라 여러분을 해방시켜 준 열강의 군사적 작전에 따른 부수적인 결과였습니다. 이 선이 남아 있는 한 한국은 절대 하나의 독립국이 되지 못할 것이고 여러분의 경제적 상황도 개선되지 않을 것입니다. 저는 미국이 이 선을 없애고 한국을 다시 하나로 만들기 위해 가능한 모든 노력을 다하고 있다는 것을 잘 알고

해방 후 독립문 방문

있습니다.

저는 한반도를 나누고 있는 이 상상의 선을 지우기 위해 다른 모든 우방국들에게 도움을 청하고 있습니다. 열강들이 한국이 진정 자유롭고 독립된 나라가 되지 못하게 하기 위해 고의로 이런 장애를 만들었다고는 생각할 수도 없습니다. 여러분이 한국을 위해 무슨 일을 하려고 생각하고 있든 한국인들이 참여하지 않은 어떤 국제적 행위에 의해서 여러분이 한국을 괴롭히는 일은 없기를 바랍니다. 이것은 이 불운한 나라에 정의가 실현되기만을 바라는 한 사람의 단순한 호소입니다. 여러분들은 거대하고 강력한 국가이며 공정하고 관대한 태도만을 취해야 합니다. 여러분은 여러분 나라의 국민들을 위해 그렇게 해야만 합니다. 한국인들은 '여러분 모두에게 하나님의 축복이 있기를' 소리 높여 부르짖을 것입니다."

그는 다시 찾아온 조국이 아직도 완전한 자주독립을 하지 못하고 있는데도 각종 정치단체들이 난립하여 서로 대립하고 분열되어 있는 것도 마음 아팠다.

우리는 당파 정치운동을 초월하여 먼저 국권을 회복해야 할 것입니다. 정부가 한국 인민으로 조직된 후에 정당이고 정치운동을 하는 것도 좋을 것입니다. 그러나 지금 국권도 회복하지 못하고 정부도 없는데 정책이니 정당이니 하고 또는 정권운동을 함은 좋지 못합니다.

그는 우리 민족이 일치단결하여 국권을 먼저 회복하고 민주주의 원

세브란스병원 방문

칙에 따라 통일된 자주독립 정부를 세우는 것이 우선이라고 역설했다.

라디오 방송 강연

서재필은 1947년 9월 12일부터 매주 금요일 저녁 7시 15분 라디오 방송에 출연하여 계몽적인 강연을 했다. 강연의 주제는 국내외 시사적인 문제와 민주주의 원칙·건강·상식 등 국민의 실제 생활에 도움이 되는 것이었다. 처음에는 한국어 표현이 자유롭지 못해 통역을 두고 영어로 하였으나, 후기에는 우리말로 강연했다.

첫 번째 방송 강연 주제는 '선량
한 국민과 민주주의'였다. 그는 여
기서 독립되고 통일된 민주국가의
선량한 국민의 특권과 책임을 역설
하고 있다.

한국은 모든 한국 국민들의 소원대
로 민주주의 방법으로 선거된 정부
를 가질 날이 머지 아니합니다. 그
러므로 한국이 독립되고 통일이 되
어 민주주의가 되는 그 날이 속히
오기를 희망하는 우리가 민주주의
의 원칙을 이해하고 실천할 준비
를 하여야 할 것입니다. …… 그러

환영회 자리에서 연설하는 서재필

나 이 민주주의 특권에는 중대한 책임이 따르는 것입니다. 이 책임은 우
리의 특권을 구속하는 것이 아니라 그것을 보장하는 것입니다. …… 그
러면 민주국가에서 어떠한 것이 선량한 국민이냐 하면, 첫째, 선량한 국
민은 정직하고 진실함으로써 동포의 존경과 신임을 받아야합니다. 둘
째, 선량한 국민은 정직한 노력으로써 일용의 양식을 벌어야합니다. 셋
째, 선량한 국민은 자기가 싫어하든지 좋아하든지 법률에 복종하여야 합
니다. 만일 그 법률이 국민 대다수에게 불공평하거나 고난을 줄 때는 합
법적 방법에 의하여 이를 개정할 수 있습니다. 넷째, 선량한 국민은 평화

시대나 전시를 막론하고 항상 국가에 대하여 충성을 다해야 합니다. 다섯째, 선량한 국민은 국가의 대의와 동포의 권리를 위하여 즐거운 마음으로 자기를 희생하여야 합니다. 여섯째, 선량한 국민은 그가 진실로 공익상 가치 있는 목적을 달성하려면, 타인과 협력하기를 배워야 합니다. 일곱째, 선량한 국민은 타인의 말을 잘 듣고 읽음으로써 사정을 잘 알아야 합니다. 사정을 잘 아는 사람의 결론은 맹목적으로 내린 결론보다 정확성이 많기 때문입니다. 여덟째, 선량한 국민은 피선거인의 과거 정당 이력보다 그가 공직에 있을 때의 업적을 판단하여 우수한 자에게 투표하여야 합니다. 아홉째, 선량한 국민은 정확한 증거 없이 타인의 행동을 비난해서는 안 됩니다. 열째, 선량한 국민은 모든 덕행과 비행이 반드시 어떠한 개인이나 정당의 소유물이 아님을 항상 기억해야 합니다. 그러므로 자기를 찬동하는 사람의 말을 듣는 것과 같이 반대하는 사람의 말도 잘 듣는 것이 지혜로운 일입니다. 긴 설명을 더 하지 않아도 나의 목표가 어디에 있는 것을 짐작할 수 있을 것입니다. 한국을 민주화하는 것만이 한국민족의 살길임을 나는 확신합니다. 지금으로부터 50년 전 그 옛날에 내가 『독립신문』을 발간하고 독립협회를 조직하여 국민 개혁 운동을 부르짖은 것도 그 최종 목적은 민주화에 있었습니다. 민주주의화하는 것이 진정한 자유와 독립을 향유하는 길이기 때문입니다.

이와 같이 서재필이 강연한 방송의 내용은 모두 중요한 주제들이지만, 특히 1948년 정부수립 직전에 한 것으로 보이는 '자유와 민주주의로 가는 길'이라는 주제의 방송은 그가 꿈꾸었던 나라가 어떤 나라였는지, 수립하려는 정부가 어떤 정부가 되기를 바라는지 잘 드러내 준다.

우리들이 오랫동안 염원하고 고대했던 한국의 독립정부가 설립되려는 지금, 저는 한국의 국민들과 이 기쁨을 함께하고 있습니다. 그러나 아직 우리 앞에는 진정한 자유와 번영으로 가는 길이 펼쳐져 있습니다. 그러 므로 우리는 매우 조심스럽게 장기적인 안목으로 이 길을 가야 합니다. 수많은 질문에 대한 답으로 저는 한국이 우리 앞에 펼쳐진 중요한 이 시 기에 따라야 할 과정에 대한 제 개인적인 견해에 대해 말하고자 합니다.

1. 우리는 민주주의 정신을 굳건히 지켜야만 합니다.

한국 국민들 가운데에는 공산주의자들의 파괴적인 술책에 대한 증오 나 혹은 한국이 아직 민주주의를 맞이할 준비가 되어 있지 않다는 잘 못된 믿음으로 인해 한국에서는 일종의 독재가 필수적이라고 생각하 는 사람들이 있는 것 같습니다. 이것은 매우 유감스러운 일입니다. 독 재가 일시적으로는 편리한 방편일 수도 있겠지만 우리는 여러 가지 독재의 심각한 위험으로부터 우리 자신을 지켜야만 합니다. 우리는 장기적으로 볼 때 민주주의가 다른 어떤 정치적 이데올로기보다 더 훌륭하다는 사실을 간과해서는 안 됩니다. ……

2. 칼로 이데올로기를 무너뜨릴 수는 없습니다. 어떤 이들은 무력이 이 데올로기를 무너뜨릴 것이라고 생각하고 그렇게 하려고 시도했지만 아무 효과도 없었습니다. 이데올로기는 더욱 뛰어난 이데올로기로만 정복될 수 있습니다. ……

3. 독재는 권력의 남용과 부패로 이어집니다. ……

4. 외국으로부터 경제 원조를 받는 것에 대해 …… 우방국으로부터 경제적 원조를 받는 것이 서로에게 이익이 된다면 우리는 이를 환영해야만 합니다. ……

5. 한국 정부의 구성은 다수 집단은 물론 소수 집단도 포함해야 합니다. ……

6. 사상의 자유를 존중해야 합니다. ……

7. 우리는 한국의 통일을 위한 노력을 계속 이어가야 합니다. ……

8. 평화를 사랑하는 모든 국가들과 우호 관계를 촉진하는 대외 정책을 유지해야 합니다. ……

9. 부유한 사람들과 그렇지 못한 사람들 모두 현재의 요구에 순응해야 합니다. ……

10. 개인의 기본권이 보장되어야 합니다.

개인의 기본권 수호는 민주주의의 주된 관심사입니다. 이 원칙을 따르는 데 있어서는 부의 소유가 개인의 기본권 가운데 하나라는 점을 기억해야만 합니다. 그러나 그러한 권리의 남용, 즉 다른 사람들로부터 그들의 정당한 권리를 빼앗는 소유권의 과도한 주장은 사회에 해를 끼치는 것으로 제한되어야만 합니다. 민주정부는 표현과 집회, 조직, 종교의 자유 등 다른 권리도 모두 보호해야 합니다. 경찰력을 없앨 수는 없겠지만 경찰력은 개인의 권리를 보호하고 사회질서를 유지하는 데 도움이 되는 선에서 그쳐야 합니다. 경찰의 권력 남용을 막기 위해 경찰 조직은 분산되어야 하며, 치안 방법은 과학적이고 현대적이어야 합니다.

이러한 금요 방송 강연은 1948년 8월 27일까지 이어졌다. 그 날 서울에서 발간되던 『자유신문』은 「귀에 익은 방송 가운데 마지막 방송」이라는 제목의 사설을 통해 다음과 같이 논평하고 있다.

"오늘 밤 머지않아 조국을 떠나게 되실 노장 개화 지도자 서재필 박사가 마지막 방송을 하게 될 것이다. 작년 7월 1일에 이 80이 넘은 고령의 정치가가 49년 만에 한국으로 귀국한 이래, 그는 계속 지칠 줄 모르고 한국의 통일과 독립을 위해 노력해 왔다. 그의 많은 활동 가운데는 작년 9월 12일부터 시작해 무려 40여 회에 걸친 서울방송을 통해 그가 실시해 온 주간 방송 연설이 들어있다. 이 방송을 통해 서박사는 청취자들에게 산업건설과 한국의 통일독립 달성을 위해 부지런히 노력하도록 권유했다. 온 국민은 그가 떠나게 된 것을 섭섭히 여기는 동시에 그가 이제껏 해온 일에 대해 감사히 여길 것이다. 그리고 우리가 그에게 감사하는 길은 그의 지혜로운 음성을 계속 살려 그의 권유를 실천에 옮기는 일이다."

13 또 다시 조국을 떠나 미국으로

남북협력의 호소

서재필이 귀국할 무렵 국내에서는 임시정부 수립을 논의하기 위한 제2차 미소공동위원회가 열리고 있었다. 그러나 임시정부 참여 단체 문제를 두고 미군 대표와 소련군 대표의 의견이 대립하여 1947년 10월 또 다시 성과 없이 결렬되고 말았다. 그러자 미국은 한국문제를 유엔으로 가져가 해결하고자 했다. 결국 같은 해 11월 14일 유엔총회는 미국이 제안한 유엔한국임시위원단을 설치하고, 그 감시 하에 1948년 3월말까지 자유선거를 실시하여 국회 및 정부를 수립한 후 미소 양군이 철수한다는 안을 의결하였다.

서재필은 이 기회가 남북이 협력하여 독립을 이룰 좋은 기회이자 마지막 기회라고 생각했다. 그는 1948년 새해 벽두에 신문과 방송을 통해서 이 사실을 알리고 남북협력이 긴급함을 호소하였다. 『조선일보』 1948년 1월 1일자에 발표한 「연두사」에서 그는 이렇게 말한다.

"신년에는 40년래 처음 맞는 조선독립의 절호한 기회를 놓치지 않고 우리의 소망을 달성하도록 하여야 할 것인데, 이러하기 위해서는 남북 동포가 모두 한 배안에 편승하고 있어 선박 한 쪽이 기울면 선박 전체가 전복됨을 생각하고 선박 북편에 탄 사람이나 남편에 탄 사람이 일심협력하여 우리가 타고 있는 배가 기울어지지 않도록 해야 할 것이다. 그렇지 않다면 우리는 다시금 40년 이전으로 다시 역전하게 될 것이다."

서재필은 방송을 통해서도 이렇게 호소했다.

"오늘 저녁 나의 방송을 들으시는 여러분에게 내 좋은 소원을 드리는 동시에 내가 원하는 바는 이 1948년에 한국을 위하여 무엇이 준비되었는지 또 이 오는 새해에 38선 이북에 살든지 이남에 살든지 각 한국 사람의 생활에 직접 영향을 줄 것으로 그 무엇이 발생하려는지 좀 관찰해 보는 것입니다.

여러분은 모두 한 나라의 국민입니다. 그리고 모두 같은 배를 타고 있습니다. 고로 배의 일부분이 분리가 되든지 혹은 어떤 모양으로든지 손상을 당할 때는 그 배에 타고 있는 모든 사람에게 그 결과가 미칠 것입니다. 예를 들어 말하자면 만약 어떤 사람이든지 그 탄 배를 몹시 흔든다면 그 배는 전복되고 말 것입니다. 결국 여러분을 모두 물속에 빠지게 할 것입니다. …… 나의 80평생의 생애 중 60여 년을 한국 국민의 대의를 위하여 살아왔습니다. 고로 내가 관측하는 바는 여러분에게 좀 흥미 있는 것이 될 줄로 생각합니다. …… 만약 이북과 이남의 한국 국민이 어느 외국의 세력이라든가 혹 저들의 정당 지도자들이 어떠한 욕망이 있든지 불구하고 이 한반도 전체를 자기의 국가로 생각하며 하나의 국가를 서로 나누려고 하지 말고 한 국민으로 보존하기 위하여 노력한다면 그 면은 도리어 해결하기 쉽게 될 것입니다. 그 반면 만약 저들이 개인의 소득을 위하여 당파의 감정 및 이기적 욕망을 결속한다면 그 문제는 전혀 다른 국면을 맞게 될 것입니다. …… 남조선과 북조선에 계신 국민들이 이 시간에 모든 개인적인 의견을 매장하시고 국제연합에서 특파한 이 사절단과 협력하시기를 나의 충심으로부터 기도하는 바입니다."

그러나 북측에서 유엔위원단의 입국을 거절하자, 유엔은 1948년 2월 26일 소총회에서 위원단 단장 메논이 제의한 "가능한 지역에서만의 총선거"를 치르기로 결의했다. 이에 따라 남한의 미군정은 38선 이남만의 총선거를 그해 5월 10일에 치르기로 하고 준비에 들어갔다. 이에 대해서 이승만과 한국민주당은 환영했으나, 김구의 한국독립당과 김규식의 민족자주연맹 등은 유엔의 남한단독총선거 반대했다. 서재필도 남한단독총선거는 그가 바라던 바가 아니었다. 그는 방송을 통해서도 미·소의 대립의 국제정세를 설명하고 나서 이렇게 주장하고 있다.

"한국은 이 같이 서로 다른 정치적 이념을 창설하는 데 아무 상관이 없습니다. 뿐만 아니라 서로 다른 정치적 이념을 찬성하든지 반대하든지 아무런 상관도 하지 않습니다. 그런고로 한국은 이 이념이 서로 다름으로 야기되는 국제적 논쟁에 휩쓸려 들어가지 말아야 할 것입니다. 그렇지만 한국의 힘으로 어찌 할 수 없는 그 형편은 민주주의(자본주의)와 공산주의 국가들 사이 한 중간 되는 곳에 한국을 두게 되었습니다. 다시 말하자면 한국은 장사들 간의 싸움에 희생자가 되고 말았습니다. …… 이 같은 형편에서 한국 사람들이 할 수 있는 일이 무엇이겠습니까? 내가 믿기로는 할 수 있는 일이 있습니다. 한국 국민이 제일 먼저 할 것은 북조선과 남조선을 오직 하나로 또 나누지 못할 국가로 통일하기 위하여 이곳에 온 국제연합위원회의 원조로써 여러분 자체의 정부를 조직하십시오. 한국 국민이 저들의 자립정부를 가지게 될 때는 그 이해득실로 본 정치적 이념 차이를 격렬한 감정과 편견 없이 토론할 시간이 분명히 있을 것입니다."

서재필은 이런 점에서 남한단독정부수립과 남한단독총선거를 지지하던 이승만과는 생각을 달리했다.

『신민일보』와 대담 사건

서재필이 결정적으로 이승만 측의 반발을 사게 된 것은 1948년 3월 『신민일보』 사장 신영철과 대담에서 비롯되었다. 이 대담에서 서재필은 솔직하게 다음과 같이 이승만에 대한 자신의 입장과 미국정부의 태도를 밝혔다.

"미국이 이승만 박사를 한국으로 내보낸 이유는 한국 국민에게 이익을 주기 위한 것이었습니다. 미국은 이박사가 전 국민을 통합하고 지도하기를 위해 그를 밀었습니다. 하지 장군은 그를 친절하게 대했고, 적극적으로 지지했는데, 이박사는 하지 장군을 한국에서 쫓아내기 위한 운동을 전개하였고, 또 그는 한국에 도착하자마자 공산당원들은 소련으로 가야한다고 하며, 극렬한 반소反蘇운동을 전개했습니다. 따라서 한국에 있어서 미국과 소련 간의 관계가 매우 긴장하게 되고, 하지 장군의 입장도 곤란하게 되었지요.

　이박사가 극우적인 운동을 이끌어가고 있으므로 미국정부에서는 그를 지지하는 것은 한국의 통일에 지장이 된다고 생각하여 하지 장군 더러 중간파를 이끌 수 있는 지도자를 고르도록 지시했는데, 하지 장군은 이 지시문을 이박사에게 보이고 그의 양해 하에 김규식 박사가 중간파 지도자로 선택된 것입니다. 김규식 박사는 매우 좋은 사람이니 중간파의 지도자로 좋다고 하였고 김박사가 지도자가 되는 것을 열렬히 찬동하였습니다. 그래서 김규식 박사가 좌우합작위원회의 위원장이 되었고, 과도입법의원의 의장이 된 것입니다.

　그런데 이박사는 미국에 돌아가 샌프란시스코에서 있었던 기자회견에서, 하지 장군은 공산당에게 모든 원조를 주었고 독립에 방해를 하고 있다고 공격하였고, 따라서 그는 미국정부더러 하지 장군을 소환하도록 하기 위해 미국에 돌아온 것이라 했습니다.

　저는 이 기사를 읽고 그에게 충고하기 위해 워싱턴에 가서 그를 만나, '당신은 무슨 권한이 있어서 하지 장군을 사직시키려 하는 것이오. 당신에게 그런 권한이 있다고 생각하오? 미국사람들은 당신이 누군지도 모르는데 어떻게 당신이 그들을 움직이려고 하시오?' 하고 충고를 했지만, 이박사는 '나는 절대로 자신이 있다.'고 하고 뽐을 내었지요"

　대담자 신영철이 말했다.

　"그 때 국내에서는 이박사의 계획이 미 국무부 측의 지시를 받고 있는 줄 알았는데요."

　서재필은 이렇게 대답하였다.

그것은 거짓말이고 거짓 선전이요. 이박사는 국무성 내의 어떤 사람의 지지를 받은 듯이 말하고 다녔지만, 그 말이 미국 사람들에게 알려지자 국무성의 그 피해자는 화를 내고, 하지 장군더러 이박사의 거짓 선전을 폭로해 달라고 요청한 것이었소.

이런 기사가 나가자 이승만 지지자들은 일시에 즉각적으로 서재필을 비난했다. 국민회 선전부는 다음 같은 성명을 하였다.

정치적 이해관계로 총선거를 반대하는 악질 반동분자의 도량跳梁이 날로 심하여 가는 금일에 조선독립정부수립을 도우려는 미국의 현지 관리로서 우리 독립에 협조하러 온 줄 알았던 서재필 박사가 의외로 선거를 반대하는 반동분자의 도구가 되어서 3월 14일부 신민일보 등에서 최고영도자인 이승만 박사를 중상하여 민중과의 이간을 일삼는 것은 진실로 유감스러운 일이며 일개 미국 군정관리로서 이러한 일을 하는 것은 결국 군정을 연장할 기도가 아닌가 인정하지 않을 수 없다.

반탁독립투쟁위원회도 막말을 하였다.

총선거를 반대하는 암시를 하는 자가 미군정의 관리 중에 한 사람이라도 있다는 것은 유감이다. 미국은 조선독립과 자주정부수립을 도우려고 총선거를 지지하는 우방인데 그러한 자가 미군관리 중에 있다면 미국정부에 대한 반동이라고 할 것이다.

서재필이 미국정부에 대해서도 반동이라는 것이다. 하지만 서재필은 이에 개의치 않고 통일정부 수립과 남북협상에 대한 지지를 분명히 밝혔다. 이것은 그의 신념이었던 것이다. 4월 10일, 서재필의 숙소인 조선호텔로 방문한 기자들이 당면한 정치문제에 대해 질문하였다.

"총선거에 대한 서박사님의 견해는 무엇입니까?"

"(미)군정은 우리 정부가 아니므로 우선 (우리) 정부를 세워야겠습니다. 그러나 (남북) 통일된 정부를 전제로 합니다."

"양 김씨(김구·김규식)를 중심으로 남북협상이 진전되고 있는데 서박사님의 전망은 어떻습니까?"

"그 정신은 지극히 좋습니다. 남북협상이 잘 되어서 통일되기를 바랍니다. 통일만 된다면 나도 따라가겠습니다. 이에 대한 사전의 기우는 불가합니다."

서재필은 김구·김규식의 남북협상 참여도 지지하고 기대하였다. 그러나 1948년 4월 19일부터 30일까지 열렸던 남북협상 즉 평양 남북정당 사회단체 대표자연석회의도 성과 없이 끝나고, 예정대로 5월 10일에 유엔 한국위원단의 감시 아래 남한만의 총선거가 실시되어 제헌의원 198명이 뽑혔다. 서재필은 선거 직후 가진 기자회견에서 질문을 받았다.

"이번 선거는 남북분열을 조장시키는 것이라 하여 다수 정당 사회단체가 '보이콧트'하고 있는데 이를 어떻게 보십니까?"

서재필은 이렇게 대답하였다.

"물론 남북이 통일된 선거로써 완전한 통일정부를 세우는 것은 누구나 다 희망하고 있습니다. 그러나 현실과 이상이 일치되지 않는 것을 어찌합니까. 우리가 남의 힘으로 해방된 탓으로 남북이 양단되었고 그동안 3년 동안이나 힘을 양성해 보았으나 우리는 해방 전보다 조금도 큰 힘을 얻지 못하고 있습니다. 아마 동포가 자기네들끼리 싸우는 힘은 있어도 타국에 맞설 힘은 조금도 없는 것 같습니다. 그러므로 우리는 이번 선거에 의하여 힘을 모으는 것과 우선 남의 힘을 빌어 자립할 수 있는 길을 배워야 할 것입니다. 남북회담과 같은 우리 민족의 손으로 완전독립을 찾자는 행동은 그 성과가 있고 없고를 불문하고 1년이나 2년을 두고 계속해도 조금도 해로울 것이 없는 것입니다."

그는 통일에 대한 기대를 포기하지 않고, 성과에 상관없이 남북회담을 계속하기를 바라고 있었다.

대통령 추대 운동 거부

제헌국회는 헌법을 마련하고 간접선거로 대통령을 뽑도록 되어 있었다. 그러자 이번에는 서재필을 대통령으로 추대하자는 운동이 일어났다. 이승만 계와 대립적인 입장에 있었던 정인과를 비롯한 흥사단계 인물들이 중심이 되어 독립협회확대준비회라는 이름으로 1948년 6월 11일과 18일에 회의를 열고 「서재필 박사 대통령 추대 간원문」을 보내기로 결정했던 것이다.

우리의 갈망고대하는 독립정부의 수립이 목전에 임박하여 국민으로 하여금 심원한 용의와 주도한 활동을 요하는 시기에 도달하였나이다.

현하 조국의 정세는 남북의 통일, 민정의 수습, 국제의 수호 등 중대문제가 나열되어 위대한 영도자를 간구하는 현실에 비추어, 각하의 출마를 갈망하는 동시에 좌기 각항에 관한 각하의 결의를 간절히 원하나이다.

1. 각하의 국적을 조국에 환원하실 것.
2. 조국의 영도자로 헌신하실 것.

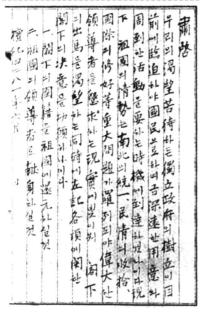
대통령 출마 요청서

그러나 그는 애초부터 권력욕이나 명예욕이 없었기 때문에 연명連名까지 하여 그를 대통령으로 출마시키려는 주위의 권유도 한결같이 물리쳤다. 그래도 권유가 끊이지 않자 1948년 7월 4일 기자들을 불러 다음과 같이 자신은 미국시민권을 포기할 의사가 없다고 공언함으로써 이러한 논의를 잠재우고자 했다.

"나는 한국 각지로부터 나에게 한국 대통령 입후보를 요청하는 동시에, 내가 출마하는 경우 나를 지지하겠다는 허다한 서신을 받았다. 나는 그들의 후의에 깊이 감사하는 한편, 나는 과거에 있어 그 관직에 입후보한 일이 없으며, 지금도 그리고 장래에도 그리지 않을 것이라는 뜻을 그들에게 전달해야 할 것이다. 설혹 나에게 그 지위가 제공된다 하더라도 나는 그것을 수락하지 않을 터이다. 나는 미국시민이며, 또한 미국시민으로 머무를 생각이다."

그러나 이 발언은 그를 비판하는 빌미가 되기도 했다. 이것은 그가 미국인으로 행세하려는 의도가 아니라, 자신에 대한 헛된 기대와 정국政局의 혼선을 막기 위한 발언이었을 뿐이다. 그런 점 에서 오히려 그가 미국인으로 행세한 것은 사실 한국을 위한 것이었다고도 해석할 수 있다.

제헌국회는 5월 31일 개원하여 이승만을 의장으로 선출하고, 7월 17일 헌법과 정부조직법을 공포하였다. 그리고 이 법에 따라 7월 20일 이승만을 대통령으로 선출하였다. 서재필은 이승만이 제헌국회에서 초대 대통령에 당선되었을 때, 그에 대한 우려와 기대를 나타냈다.

"권리와 책임은 국민에게 있는 것이며 어떤 독재자의 수중에 있는 것이 아니니, 국민은 감정싸움을 포기하고 합심하여 신정부를 육성해가기를 바란다. 내가 진심으로 원하는 것은 한국 민족이 참으로 자성하여 진정한 독립 정부로 발전하는 것이며, 그렇다면 나는 죽어서도 만족한다."

미군정 최고고문직 사임과 도미

서재필은 이미 대통령 출마를 거부하면서부터 자신이 이 나라에 머물러 있어서는 새로 출범하는 이승만 정부에 짐이 될 것이라는 생각을 하고 있었다. 그래서 7월 10일 하지 장군을 찾아가 미군정 최고고문직 사임의사를 밝히고 미국으로 돌아가겠다고 말했다. 서재필이 다시 미국으로 돌아간다는 사실이 알려지자 말리는 사람들이 많았다. 특히 김구·김규식·안재홍은 서재필이 미국으로 돌아가는 것을 극구 말리려 하였다.

서재필 같은 지도자가 한국에 있으면서 이승만을 제제하지 않으면 그가 통일의 수단으로 전쟁을 도발할 수도 있고, 북한에서도 서재필을 존경하고 있는 만큼 그가 그대로 한국에 체류한다면 평화적인 남북통일의 가능성이 커질 것이라고 생각했던 것이다. 그들은 송별연 명분으로 서재필을 찾아와서 출국을 말렸다. 서재필은 그들의 말에 공감하면서 자신도 이승만의 정책에 관해 일말의 불안감을 가지고 있다고 말했다. 하지만 일단 그를 선출한 이상 그에게도 기회를 주어야 하며, 자신이 최소한 당분간 한국을 떠나기로 결정한 것을 변경할 수는 없으며, 그렇게 하는 것이 한국을 위하는 것으로 믿고 있다고 했다.

"사람들이 나를 존경한다면 그것은 내가 원칙에 따라 살기로 애쓰기 때문일 것이오. 내가 한국에 있든 미국에 있든 별로 차이는 없을 것이오. 내가 어디에 있든지 고국에 대한 나의 관심은 추호도 변함이 없을 것이오. 또한 내가 미국으로 돌아가는 것이 어찌해서 현명한 짓으로 생각하느냐 하는 데는 두 가지 이유가 있소. 첫째는 현명했든 못했든 간에 국민이 이승만을 선출했으니 그에게는 융화기간이 필요할 것이오. 나는 그가 중대한 과오를 범하도록 내버려 두고 싶지는 않소. 둘째 이유는 내가 이곳에 있음으로써 이승만이 불안해하는 탓이오. 비록 내가 공직에 욕심 있는 그의 경쟁 상대는 아니라는 점과 나의 논평들은 다 한국을 위해서 하는 말이라는 점을 분명히 해 왔지만, 그는 내가 상습적인 그의 비평가로만 생각하는 한 그런 생각을 하도록 만들어 줄만한 구실이라면 무엇이나 내가 미리 방지할 생각이오. 하나님의 뜻이 있다면 약 1년 동안 그렇게 해 보겠소. 여러분도 똑같이 해주기 바라오."

미군정 고문

그가 마지막까지 한국을 얼마나 사랑했는가는 그가 조국을 떠나기 직전 기자와 가진 인터뷰에서도 확인할 수 있다.

"귀미歸美 만류를 청하면 중지할 의사는 없습니까?"

"나를 낳고 내가 가장 사랑하는 조국과 민족을 내 어찌 떠나고 싶겠습니까. 그러나 나는 군정 최고의 정관으로서 나의 직책이 완료되었으니 귀미하는 것입니다. 그러나 국민이 나의 귀미 중지를 원한다면, 나는 국민의 의사를 배신하는 것을 원치 않습니다. …… "

"끝으로 조선 인민에게 부탁하고 싶은 말은 무엇입니까?"

"우리 역사상 처음 얻은 인민의 권리를 남에게 약탈당하지 말고, 정부에 맹종만 하지 말고, 정부는 인민이 주인이라는 것을 잊어서는 안됩니다.

그러므로 이 권리를 외국인이나 타인이 빼앗으려 하거든 생명을 바쳐 싸우십시오. 이것만이 나의 평생소원입니다."

이 인터뷰에서 서재필은 국가의 주인이 국민이라는 것은 하나님이 준 인민의 권리이며, 정부는 국민의 종복에 불과하다고 하였다. 이것은 그가 두 번째로 조국을 떠나 미국에 돌아갔을 때 독립신문사에 보냈던 편지(1889. 9. 17)에서도 강조했던 내용이다. 이러한 내용은 남과 북의 정권 어디에나 해당하는 말로, 실로 그의 파란만장한 일생은 바로 이 한국 인민의 권리를 위한 투쟁이었다. 그는 기회가 있을 때마다 민족의 자주와 단결을 강조했다. 그가 주장한 단결은 이승만처럼 자신을 중심으로 뭉치라는 말이 아니라, 남과 북이 한민족으로 살아남기 위해 사상과 이념을 초월하여 자주적으로 단결하라는 말이었다.

동포에게 고함

서재필은 1948년 9월 10일 고국을 떠나기에 앞서 『자유신문』에 「친애하는 동포에게 고함」이라는 글을 기고했다. 출국 성명과도 같은 이글에서 그는 이렇게 말하고 있다.

나는 미국으로 향하여 떠나기 전에 나의 고국 동포 여러분에게 다음 몇 마디를 남기고 가려 한다. 우리 한국은 40년래 처음으로 우리가 기원해 오던 독립을 차지할 기회를 가졌다. 다른 나라 선량한 국민들은 수세기에 걸쳐 이 특권을 획득하고자 싸워왔으나 대개는 아직까지 이것을 차지함에 성공하지 못하고 있다. 지금 우리 한국은 하나님의 혜택을 받아 이 기회를 차지한 것이다. 여기에 나는 충심으로 동포여러분이 기회를 가장 선용하여 여러분이 원하는 대로의 국가를 건설하여 주기를 바란다.

새나라 건설의 힘은 스무 살이 넘은 모든 남녀 여러분의 수중에 있다. 아마도 이렇게 말하는 것은 좀 다른 새로운 개념이다. 아마 여러분 중에 어떤 사람은 무엇을 뜻하며, 또한 어떻게 이 기회를 최대한도로 쓸 것인가에 대하여 이해하지도 못하는 동시에 그러한 능력도 없지 않은가 생각하는 이도 있을 것으로 생각한다. 그러므로 나는 이 땅 위에서 출생한 한 국민으로서 또한 동포 여러분의 오랜 친구로서 다음 몇 마디 말씀을 남기고 여러분의 참고로 하였으면 생각하는 바이다.

첫째로 여러분 수중에 있는 권한이란 특권을 가치 있게 효과적으로 이용할 것을 배워라. 어떤 사람일지라도 이 특권을 파괴하지 못하도록 하여라. 경우에 따라서 필요하다면 한국 국민으로서 여러분의 권리를 보호 보존하기 위하여 생명을 걸어라. 적으로부터 자기 자신을 방어함에 있어 가장 효과적인 방도는 힘이다.

힘은 단결된 인민 속에 있다. 정신적 단결에 비하면 인구의 많고 적음은 제2차적인 것이다. 그런고로 단결된 인민은 항상 단결되지만, 인민들― 그 수는 비록 많다 할지라도―보다도 더 잘 방어할 수 있는 것이다.

인민들아. 단결하는 데 있어 유일한 길은 공통된 목표를 가지는 것이다. 만약 다른 어떠한 욕구보다도 고차원적인 공통된 목표를 가진다면 단결·통일될 것이며, 그리하면 힘이 솟아 나온다.

둘째로 현실적인 동시에 실질적인 사람이 되어야 한다. 모든 공허한 장광설, 의미 없는 행사, 불필요한 공연한 제스추어 등을 쫓지 않도록 피하여라. 어떠한 일이 있어서도 그것이 당신 자신에 또는 당신의 국가에 명백한 효과를 가져온다는 것이 확실시 되지 않는 한 어떠한 시간과 노력도 이를 위하여 낭비하지 말라. 우리가 가지고 있는 것 중에 가장 귀중한 것이 하나 있으니 그것은 곧 시간이다. 그럼에도 불구하고 한국에 있어서는 지금까지 이 시간의 가치에 대한 인식이 충분히 철저하지 못하다. 그런고로 우리는 아무런 이득 없이 허다한 시간을 소비하고 있는데 이것은 즉 우리의 귀중한 것, '가치'를 낭비한다는 말이다. 아무 것도 없는 황무지에서 무엇을 얻어 볼까 하는 그런 짓은 하지 말라. 왜 그러냐하면 이 세상에는 그러한 것은 하나도 없기 때문이다.

여러분은 반드시 유익한 것을 위하여 일하여야 한다. 타인에게 절대로 의뢰하지 말라. 타인에게 의뢰해서 무엇을 할 적에는 그 당장에는 될지 몰라도 결국에 있어서는 실패할 것이다. 그러지 않고 자신의 노력으로 성취할 적에는 당신은 그것을 받을 자격이 있는 동시 더 좋은 도움이 올 것이라는 희망을 갖게 되는 것이다. 바꾸어 말하면 무엇을 욕구할 때에는 자기 자신이 그것을 위하여 일하라는 말이다. 여러분이 무엇이든지 간에 여러분의 노력을 통하여 얻는다면 여러분은 그것이 여러분의 노력에 해당하는 것임을 알 것이다. 무엇이든지간에 그 가치 있음을 알 적에는 여러분은 그것을 상실하지는 않을 것이다. 다른 사람들과 단결·통일함에 있어서는 우리는 공평무사한 동시 정직하여야 한다. 만약에 당신들이 다른 사람들에 대할 적에 공평무사하고 정직하게 한다면 당신들은 그들로부터 성실한 대우를 받을 것이다. 우리가 서로 공평무사하고 정직하게 한다면 우리는 서로 사랑과 존경을 갖게 되는 동시 인민의 복리도 누리게 될 것이다. 서로 사랑하고 존경하지 않는다면 어찌 좋은 친구가 될 수 있겠는가. 선량한 친구가 못되는 경우에는 상호 신뢰할 수 없음은 명백한 일이다. 만약에 우리가 상호 타인을 신뢰하지 못한다면 우리는 무엇이든지간에 보람 있는 일은 성취하지 못한다.

셋째로 마지막으로 할 말은 나의 친애하는 남자 친구들이 자기네 부녀자와 자녀들의 안락과 복지와 편의를 위해서 일층 유의하는 동시 노력하여 주기 바라는 바이다.

물론 서재필에게도 그 시대인으로서 갖는 한계가 전혀 없었던 것은 아니다. 그가 이상으로 추구했던 개혁사상이 전적으로 미국을 모델로 한 서구 자본주의적인 것이었다는 점이나 제2의 모국으로 삼은 미국이 한말이나 해방 후에 드러냈던 자본주의적 본성을 철저하게 꿰뚫어보지 못했다는 점이 그러하다. 또한 한국 민중에 대한 희망을 끝까지 포기하지는 않았다 하더라도, 그들을 개혁의 동반자라기보다는 계몽해야 할 대상으로 보았다는 점도 그가 가졌던 한계였다. 하지만 그렇다고 하더라도 이러한 점들이 그의 조국에 대한 사랑과 열정을 의심해야하는 근거가 되지는 않는다. 서재필의 굳센 믿음과 뜨거운 조국애, 그리고 희생은 이 모든 한계와 허물을 덮고도 남음이 있다고 해야 할 것이다.

14 한국전쟁의 소식 속에 세상을 떠나다

미국 귀환 생활

서재필 일행은 인천에서 미군 수송선 제너럴 하지스 호를 타고 1948년 9월 11일 출항하여 9월 25일 샌프란시스코 항에 도착하였다. 부두에는 장녀 스테판을 비롯한 그 지역 동포 40여 명이 마중 나왔다. 그들은 서재필에게 로스앤젤레스Los Angeles에도 꼭 들려줄 것을 부탁했고, 가족과 함께 그 지역 교포들의 만찬에 초대받았다. 그는 10월 2일 로스앤젤레스 한인장로교회에서 국민회 중앙 상무부가 주최한 환영회에 두 딸과 함께 참석했다. 그리고 이 환영회에서 연설을 통해 한국의 상황을 설명하고, 동포의 단결과 사랑을 역설하였다. 서재필은 많은 교포들이 파벌 관계를 초월하고 환영회에 참석한 모습에 큰 위로를 받았다.

서재필은 미국 집에 돌아온 후 10월 23일 이승만 대통령에게 다음과 같은 편지를 보내 '평화와 통일을 유지'해 주기를 당부했다.

태평양 연안에서 수일 체류한 후에, 약 1주일 전 우리들은 무사히 귀가하였습니다. 제의 건강 상태는 서울을 떠날 때보다는 약간 나은 듯 하오나 아직도 얼마동안 더 휴양을 하여야 할 듯합니다. 제는 대한민국이 당분간 현 정부에서 평화와 통일을 유지하는 것은 절대적으로 필요하다는 것을 잘 인식하여야 한다고 생각합니다. 그렇지 않으면 국제연합총회는 대통령에 있어서 민주독립정부를 인정치 않을 것입니다. 이 인정을 획득하는 것은 대한인에게 보다 나은 장래를 의미하는 것입니다. 그렇지 못하고 실패한다면 장래에 있어 얼마동안 더 불행을 겪어야 한다는 것을 의미합니다.

서재필은 국회의장 신익희에게도 편지를 보내 다음과 같이 감사와 당부의 말을 전했다.

나는 인천을 떠나 긴 여행 후 무사히 돌아왔습니다. 덕택으로 나의 건강은 상당히 회복했습니다. 그러나 아직도 휴양이 필요합니다. 귀하께서는 내가 그곳을 출발하기 직전에 국회의원들이 나를 만류해달라는 뜻을 전달했습니다. …… 귀하께서 이 편지를 보신 후 내가 충심으로 국회의원 제위의 우정에 감사하고 있으며 될 수 있으면 그러한 우정에 보답하려고 하는 것이 나의 진의라는 것을 의원 여러분께 전해주시기를 바랍니다. 나는 몸은 비록 한국에 있지 않지만, 나의 마음은 최대다수의 최대행복을 누리는 민주주의의 원칙에 입각하여 신국가 재건에 분투·노력하시는 의원 제위와 동포 여러분을 생각하고 있습니다. 내가 귀하에게 약속한 바와 같이 모든 것이 잘되어 가면 나는 나의 고국을 또 다시 방문을 하여 나의 힘을 다하여 여러분을 도우려 합니다. 나는 여러분께 지지를 서약하신 헌법의 문구와 정신에 입각하여 신생 대한민국을 유지하시기를 기원하나이다. 한국의 지도자들은 합심하여 그들의 역할을 다 하면 한국의 앞길은 양양하다고 믿는 바입니다.

1949년 초에 들어 서재필은 건강이 좀 회복되자 다시 병원을 개업할 계획을 세웠다. 위의 편지에도 나오듯이 그는 몸은 미국에 있었지만 고국을 잊지 못했고, 항상 고국의 소식에 목말라 했다. 그는 1949년 3월 1일에도 미국에서 고국 동포들에게 방송을 통하여 '삼일절에 즈음하여 조선동포에게 고함'이라는 제목의 메시지를 보냈다. 그는 이 메시지에서 3·1운동의 의의와 그 정신을 설명하고, 그 정신을 다시 깨달아 남북통일을 하는 것만이 우리 민족이 살길이요, 민족적 과제임을 역설하고 있다.

"3·1운동정신을 다시 깨달아서 다 한국을 하나로 살게 만들어 주는 것이 한국 사람의 직분(임무, 사명)이오. 그렇지 않으면 한국이 없어질 것이요, 한국이 없어지면 남방 사람들 살 수 없고, 북방 사람들 살 수 없는 것입니다. …… (남북이) 합하면 한국이 살 테고 만일 나뉘면 한국이 없어질 것이오. 한국이 없으면 남방 사람도 없어지는 것이고 북방 사람도 없어지는 것이니 근일 죽을 일을 할 까닭이 어디 있습니까? 살 도리들을 하시오. 나는 미국에 돌아온 뒤에 신체가 좀 강해지고 시방 건강이 매우 좋지마는 아직도 언제 한국 갈는지는 모르겠소이다. 내가 가든지 안가든지 다만 부탁하는 말은 아무쪼록 한국을 살게들 하시오. 한국이 살면 남북이 다 살 테고 만일 한국이 죽으면 남방사람이거나 북방사람들이 모두 멸망할 것이니 그 직분은 시방 다른 사람한테 달린 것이 아니라 한국 사람들한테 달린 것이오.

내 생각에는 한국이 없어지기를 원하는 사람은 남방에도 없을 듯하고 북방에도 없을 테니, 다만 그 사실을 알 것 같으면 설령 이론異論한다든지 반대하는 사람이라도 모두 한국 사람이 될 듯 하오이다. 한 집안으로 4천 년을 살아왔는데 왜 지금 나뉘어서 두 집이 될 까닭이 어디 있습니까? 둘이 되면 둘이 다 약해지고 살 수가 없을 터이니 한 배 속에 든 것 같아서 한 쪽 배가 무너지면 저쪽도 망해지는 법이요. 그러니 아무쪼록 그 배를 보호해서 무너지지 않게 하는 것이 첫째 목적이오. 그 목적을 잊어버리지들 말고 설령 이론하는 사람이더라도 그것을 성내서 원수같이 알지 말고 설명해서 지혜 있는 말을 해 주면 한국 지탱의 여망이 대단히 크오이다.

나는 당신네들 보든지 안 보든지, 원하는 것이 우리 조국을 살게 해주게 만드는 것을 나는 바라고 있습니다. 이 계제를 타서 우리 친구들한테 안부들을 해주시고 나는 설령 미국에 있더라도 내 정신은 한국 사람과 같이 있으니 아무쪼록 합심하고 합동해서 외국 사람이 돕는 것을 이용해서 한국을 살게 해주기를 나는 간절히 바라고 있습니다."

고국의 불길한 소식들과 건강 악화

서재필이 펜실베니아주 미디아에서 병원 개원을 준비하고 있던 무렵인 1949년 6월 26일 국내에서 한국독립당 당수 김구가 암살되는 사건이 일어났다. 그는 이 소식을 듣고 크게 놀라고 격분했다. 이틀 후인 6월 28일자로 그의 비서였던 임영창에게 보낸 편지에 다음과 같이 쓰고 있다.

나는 김구 선생이 암살당했다는 소식을 듣고 매우 유감스럽게 생각하오. 암살 이유는 모르지만 하여간 이것은 세계의 이목 앞에 한국의 명예를 훼손시키고 있소. 범인이 처벌받게 되기를 바라오. 또한 오늘 나는 라디오를 통해 주한 유엔위원단의 특보에 의하면 남북 군대 간에 전투가 일어났다고 말한 것으로 들었는데 자세한 내용은 모르지만 그 보도에 관해 무척 걱정이 되고 있소.

서재필은 그곳에 있으면서도 고국의 소식에 대해서 온 마음을 쏟고 있었다. 그는 낙천적인 사람이었기 때문에 항상 좋은 면을 보고 희망을 가지려 하였지만, 고국에서 그가 우려했던 일들이 일어나고 있어 무척 안타까워하고 걱정을 하였다.

그는 그 해 여름쯤 새 사무실을 마련하여 병원을 열었다. 그러면서도 조국의 소식에 마음을 쓰고 있었다. 그러던 그에게 9월 하순경 국내의 안재홍과 양주삼으로부터 편지를 받았다. 그는 9월 21일자 임창영에게 보낸 편지에서 이승만 정권에 대해서 그가 얼마나 불안하게 생각하는지를 써 보내면서 '이승만이 노골적인 억압정치를' 하고 있다고 단정했다.

근자에 안재홍씨로부터 동봉하는 (한국어로 쓰인) 편지를 받았는데 그 편지 가운데 일부 내용을 이해할 수 없으니 그 요점을 설명해주기 바라오. 또한 오늘 양주삼 감독으로부터도 편지를 받았는데 그 내용인즉 이승만 정부는 그 정부에 반대하는 공모혐의로 국회의원 17명을 검거했다는 것이었소. 이승만은 노골적인 억압정치를 하고 있는 거요.

1950년에 들어서도 국내에서 전해오는 소식들은 서재필의 마음을 무겁게 했다. 그의 건강도 더 나빠져 원기를 회복하지 못하고 있었다. 주일본 대사로 있다가 사임하고 귀국하던 신흥우가 보낸 1950년 4월 17일자 편지에 덧붙인 다음과 같은 내용은 그의 마음을 더욱 무겁게 했다.

이(승만) 박사 부인의 탐욕과 참견 그리고 정부 여러 문제에 대한 비밀 간섭과 더불어 이박사 자신의 우매함과 성급함이 바로 이 시각에도 우리나라에 대해 말할 수 없는 해를 끼치고 있습니다. 저는 미국의 여론이 점점 한국에 불리해지고 있다는데 대해 무한히 서글프게 생각하고 있습니다. 한국에서 무엇인가 빨리 일어나지 않으면 우리 장래는 점점 더 위험해질 것으로 생각됩니다. 다시 말해서 일반 국민을 돕게 될 정말 건설적인 방향으로 무엇인가 일이 이루어져야 하겠다는 말씀입니다. 그렇지 못하면 모든 것은 수포로 돌아갈 것입니다. …… 저는 진심으로 선생님이 다시 돌아오셔서 우리를 지도해 주시기를 염원하고 있습니다. 만약에 저에게 편지하실 경우에는 이 편지 내용에 대해 언급하지 마시기 바랍니다.

신흥우는 국내 정세의 위급성을 서재필에게 알리면서 편지의 검열을 염려하고 있었다.

한국전쟁의 소식과 별세

1950년 여름은 서재필에게 가장 고통스러운 시기였다. 나중에 방광암으로 진단이 내려진 악화일로에 있던 육신상의 고통은 물론이고, 그가 우려했던 최악의 사태인 한국전쟁이 일어났다는 소식에 정신적 고통이 더해졌기 때문이다. 편지를 쓸 여력도 없어 큰 딸 스테파니에게 대필시켜 임창영에게 편지를 보냈다. 그는 전쟁 소식을 들은 심정을 편지에 썼다.

나는 신속히 전쟁이 끝나는 것을 보기를 원하는 동시에 동포들이 어떤 교활한 외국정부를 위해 불구덩이에서 밤을 꺼내려는 고양이의 발 노릇을 하지 않게 되기를 바라고 있소. 일단 소련인들은 한국인들을 바보로 만들었소. 한국인들에게는 잃은 것뿐이고 얻은 것이라고는 없으니 말이오. 그들은(남북한 동포들) 모두가 잘못을 깨닫고 모든 사람을 위한 통일된 민주국가를 건설하기 위해 협력해 나가도록 노력하게 되기를 바라오.

전쟁은 남한이나 북한이나 얻을 것이 없으니 남북한 모두 잘못을 깨달아 전쟁을 속히 끝내고, 통일된 민주국가 건설을 위해 협력해야 한다는 것이다.

1950년 12월 서재필은 자택에서 두 딸의 간호를 받으며 병석에 누워 있었다. 크리스마스 휴가를 이용해 병문안을 간 임창영에게 "(죽을) 준비가 되어있다."면서 자신의 임종문제는 가볍게 넘겼다. 그보다 서재필은 마음속에 품고 있는 조국의 문제를 이야기하기를 원했다. 임창영이 기억하는 그의 말은 다음과 같다.

"이 전쟁은 어리석은데서 시작되었다. 역사의 이 시점에서 전쟁으로 이익을 볼 수 있다고 생각하는 자가 있다면 그자는 바보야. 원자시대에 국가의 정책수단으로 전쟁을 한다는 것은 후손들에 의해 영원히 저주받을 일이요. 전쟁이 합리화되는 것은 국가존폐 문제가 분명히 문제시 되었을 때에 한하는 것인데 이제 한국전쟁은 작은 나라에서 이제껏 전례없이 파괴적인 무기들을 가지고 싸우는 세계전쟁으로 화했고, 따라서 힘없는 한국 동포들은 무자비한 교전의 화 속에 끼어 이미 수십만이 목숨을 잃을꺼요. 또 수백만의 무고한 사람들이 불구자가 될 것이고 도시와 농촌들은 폐허로 변할 것이며 생존자들은 참상 속에서 수 세대 동안이나 서로가 서로에 대해 극도의 적개심을 가지고 살게 될 것이니 이 얼마나 미친짓이오."

청일전쟁과 러일전쟁, 제1차 세계대전, 제2차 세계대전을 다 겪어온 노老애국자는 전쟁의 폐해를 누구보다도 더 잘 알고 있었다. 전쟁은 어리석은 짓이고 미친 짓이다. 전쟁을 통해서 목적을 달성하고 이득을 보려는 것은 후손들에게 영원히 저주받을 일인 것이다. 그는 이 전쟁을 막기 위해서 자신이 무슨 일이든지 하고 싶다고 말하며, 조국의 공존번영과 통일 독립된 민주국가 건설에 대한 소망을 포기하지 않았다.

"하나님이 도우셔서 내가 이런 일을 끝장내게 할 수 있는 일만 있다면, 나는 싸움을 막기 위해 어디서 누구와를 막론하고 무슨 일이든지 해 보겠소. 그렇소, 이와 같은 비극을 끝내기 위해서라면 평양·서울·워싱턴·모스크바에까지 가서 모든 당국자들에게 그렇게 하도록 간청하겠소. 나는 인성을 믿고 있소. 비록 인간은 이성적인 존재로서 선과 악의 양면을 가지고 있지만, 역사는 우리 인간이 악을 억제하고 선을 행해온 것을 보여주고 있소. 마찬가지로 나는 결국에는 우리 동포들도 공존공영을 위해 같이 살며, 같이 일하는 것을 배우게 될 것이라는 확신을 가지고 있소. 그 가운데 통일된 독립 민주의 한국의 길이 열려 있는 것이오."

서재필은 병석에서 일어나지 못하고 일주일 후인 1951년 1월 5일 아침에 87세를 일기로 필라델피아 근교 노리스타운에 있는 몽고메리병원에서 조용히 숨을 거두었다. 그의 부음이 알려지자 수많은 사람들이 애도하고 조전을 보내왔다. 존 하지 장군도 뮤리엘에게 다음과 같은 조전을 보냈다.

본인은 오늘 오후 늦게 보내주신 통고를 받고 아버님을 잃으신 슬픔을 무슨 말로 위로해 드려야 할지 모르겠습니다. 본인은 부녀지간에 얼마나 서로 가까웠고 정다웠는지를 잘 알고 있습니다. 또 본인은 여사께서 어떤 심정이시라는 것도 잘 알고 있습니다. 본인이 6살 때 과부가 되셨던 나의 어머니도 가족과 이웃들에게 일생동안 봉사하신 후 88세를 일기로 지난 5월에 세상을 떠나셨습니다. 여사의 부친은 폭넓고 충만한 이해력을 가지셨고, 동포와 친구와 가족에게 충실했던 위대한 인물이었습니다. 그는 한국을 사랑했고, 그가 택한 나라 미국도 사랑하셨습니다.

서재필의 장례는 1월 8일 성공회 목사의 집례로 이루어졌고, 화장하여 필라델피아 웨스트 로렐 묘지에 그의 유해를 안치했다. 그의 장례식 날 그 지역 신문에 실린 그에 대한 사설은 운명적으로 갖게 된 두 개의 조국에 대한 그의 충실한 일생을 다음과 같이 평가하고 있다.

2008년 5월 워싱턴시 주 미국대사관 영사부 앞에 세워진 서재필 동상

세상에서 가장 적극적인 한국독립운동 지지자 가운데 한 사람인 메디아 시의 서재필 박사가 오늘 안장되었다. 한국 태생인 서재필 박사는 젊은 시절부터 자신과 한국민족의 자유와 독립을 되찾기 위한 불타는 정열을 품어왔고, 그 갈망을 행동으로 옮겼다. 불행히도 그의 작은 고국은 열강의 세력이 교차하던 곳이었다. 침략국들에 대한 그의 투쟁은 끝이 없었고, 더욱이 승리는 불가능하였다. …… 그러나 그는 미국시민이 되고

난 후에도 한국독립운동을 포기하지 않았다. …… 서재필 박사의 생애는 그의 고국과 귀화한 나라에서 자유와 정의를 위한 열망으로 특징지어졌다. 그런 의미에서 그는 여러 나라 역사상의 요란했던 인물들과는 달랐다. 그들 행동의 동기는 개인적인 권력에 대한 욕망이었으며, 그들은 국민에 통제권을 부여하는 정부 제도에 반대했다. 대부분의 참다운 역사적 위인들과 마찬가지로, 서재필 박사도 살아있는 동안보다 그의 죽음과 함께 그가 귀화한 사회에서 더욱 높이 평가되었다.

유해로 돌아와 국립묘지에 안장

미국 교포사회에서 서재필에 대해 다시 관심을 갖게 된 것은 1974년 5월부터였다. 필라델피아 한인협회에서 서재필박사기념비건립위원회(위원장 임상덕)를 조직하여 모금을 시작하고, 그해 12월 5일 그의 유해가 안치된 미국 델라웨어 주 로스트리 공원에 서재필 박사 기념비를 착공했던 것이다. 이 비는 이듬해인 1975년 11월 22일 완공되었다. 대한민국 정부에서도 서재필에게 1977년 건국훈장 대한민국장을 추서했다. 그의 유품들은 독립기념관을 건립하면서 서재필박사기념사업회에 의해서 1986년 기증되어 독립기념관에 보관·전시되고 있다. 그리고 마침내 1994년 4월 4일 미국에 있던 유해를 한국으로 봉환해 왔다. 그날 한 신문은 「서재필박사의 환국」이란 제목으로 사설을 실어 그의 생애와 업적을 다음과 같이 요약하고 있다.

대한민국 임정요인 다섯 분의 유해가 지난해 환국한데 이어 미국 땅에 잠들어 있던 서재필 박사 전명운의사의 유해도 고국의 품으로 돌아왔다. 나라의 자주독립과 근대화를 위해 탁월한 공적을 쌓은 선열들을 일제강점기보다 더 긴 세월이 지난 이제서야 봉안한데 대해 부끄러움과 아울러 감회를 금할 수가 없다. 우리나라의 자주독립운동과 근대화를 얘기하면서 빼놓을 수 없는 존재가 바로 서재필 박사다. 약관의 나이로 개화운동에 뛰어들어 갑신정변에 참여했던 서박사는 개화의 물결을 대중 속으로 확산시키는 기폭제 역할을 했다는 점에서 뛰어난 선각자 중의 한 사람으로 꼽을 수 있다. 갑신정변의 실패로 망명길에 오른 뒤 3차례의 귀국과 망명을 거듭하는 풍운을 겪으면서 그가 민족계몽을 위해 쏟아 부은 정열은 우리나라 개화사의 값진 대목으로 기록되고 있다. 특히 자유 평등 민권을 토대로 하는 서양식 민주주의를 이 땅에 심으려 노력한 점은 높이 평가해야 마땅할 것이다. 잘 알려진 대로 갑오경장이후 귀국한 서박사는 독립협회를 결성하고 독립문을 세우는가 하면 만민공동회를 개최해서 자주독립의 기틀을 대중속에 심으려 애썼다. 뿐만 아니라 최초의 민간신문인 독립신문을 창간해서 서양의 민주사상을 체계적으로 전달한 것은 우리나라 언론사는 말할 것 없고 국민의식의 근대화에 큰 획을 그은 역사적인 사건이라 할 만하다.

독립신문 창간일인 4월 7일을 「신문의 날」로 제정해서 기념하는 사실 하나로도 그가 남긴 업적이 얼마나 지대한지를 입증하고 있다. 물론 그에 대한 평가가 엇갈리는 부분도 없는 게 아니다. 미국에 귀화해서 '필립 제이슨'이란 이름으로 행세한 점 등에 대해서는 학계 일각에서 부정적인

서재필이 살던 집(현재 서재필기념관)

시각이 나오고 있는 것도 사실이다. ……뒤늦게나마 이들의 유해를 봉환하는 의미는 위대한 애국혼을 후세들에게 널리 전하는데 있다고 믿는다. 아직도 돌아오지 못하고 있는 선열들의 봉환사업은 앞으로도 계속돼야 되겠지만 이들의 업적을 재조명하는 작업 또한 빼놓을 수 없는 후세의 도리라고 생각한다.

서거한 지 43년 만에 다시 고국에 돌아온 그의 유해는 1994년 4월 8일 서울 동작동 국립묘지 애국지사 묘역에 안장되었다.

1864. 1. 7	전라남도 보성에서 아버지 서광언과 어머니 성주 이씨의 4남 1녀 중 2남으로 외가인 전남 보성에서 태어남
1871.	충청남도 대덕군에 살던 5촌 당숙 서광하의 양자로 들어감 그 후 곧 상경하여 양어머니 안동 김씨의 동생인 외삼촌 김성근의 집에서 한학을 공부하여 과거시험 준비
1882. 3	별시문과 병과에 합격하여 교서관 부정자에 임명됨
1883. 5. 20	김옥균의 권유로 일본에 유학하여 게이오의숙에서 일본어 공부
1883. 11	일본 도쿄 도야마육군학교에서 수학
1884. 7	일본에서 귀국
1884. 10	조련국 사관장에 임명
1884. 12	김옥균·서광범·홍영식·박영효 등과 함께 갑신정변을 일으켜 병조참판을 맡았으나 3일 천하로 끝나 일본으로 망명 12월 13일 일본 화물선 치도세마루를 타고 나가사키에 도착
1885. 4(말경)	미국 화물선 차이나 호를 타고 박영효·서광범과 함께 미국으로 망명
1886. 9~1888. 6	홀렌백의 도움으로 해리 힐맨 아카데미에 입학하여 미국의 풍습과 사상을 익히고 학문의 기반을 닦음
1888. 6. 19	필립 제이슨이라는 이름으로 미국 시민권 취득

223

1888. 여름	직장을 구하러 워싱턴으로 감
1888. 가을	미 육군 군의참모부 도서관 사서로 임용되어 공무원 생활을 하면서, 컬럼비안대학(현 조지워싱턴대학교) 부설 야간학교인 코코란대학에서 공부
1889. 10	컬럼비안대학의 야간학부에 입학하여 의학을 공부
1892. 3	컬럼비안대학교 의학부를 졸업하여 한인 최초의 의학사 학위를 받음
1892~1893	가필드병원에서 수련의 과정을 거쳐 의사 면허를 받음.
1894	의사 개업
1894. 6. 20	뮤리엘 암스트롱과 결혼
1895. 6. 2	박정양 내각의 외부협판에 임명되었으나, 귀국 취임을 거절하여 7월 9일 면직
1895. 11. 10	조선 정부의 부름에 응해 워싱턴을 출발하여 귀국길에 올라, 12월 25일 고국을 떠난 지 11년 만에 인천에 도착
1896. 1	김홍집내각으로부터 10년 계약의 중추원고문에 임명. 동시에 유길준과 함께 신문간행계획을 추진
1. 19	서울에서 최초의 공개강연회를 개최
2	건양협회 결성을 추진하다 아관파천으로 무산
3. 13	농상공부의 임시고문으로 임명
4. 7	『독립신문』을 창간하여 자주·자강의 계몽운동 시작
5. 21	배재학당에서 목요강좌 시작
7. 2	외부에서 독립협회 창립총회를 개최
11	배재학당 학생들을 대상으로 일종의 토론회 모임인 협성회 조직
11. 9	독립문건립기공식 거행

1897. 5. 23	모화관을 개수하여 독립관 완공
8. 8	독립협회에서 토론회 시작
11	독립문 건립 완공
12. 14	외부대신 조병식이 서재필의 중추원 고문직 해고 통보. 이후 대한제국정부를 비롯하여 러시아·일본공사관 등에서 서재필 추방운동 전개
1898. 3	윤치호를 비롯한 독립협회 지도자들과 함께 의회개설 운동 전개
3. 10	최초의 만민공동회 개최
4. 25	독립협회에서 서재필재류운동 전개
4. 26	미국공사관에서 대한제국정부에 서재필 고빙 계약서 반납
5. 11	독립신문사를 윤치호에게 인계하는 계약 체결
5. 14	고국을 떠나 미국으로 감
12	미서전쟁에 참가하고자 미육군군의관에 입대하여 근무
1899~1903	펜실베니아대학 위스터 연구소 연구원 근무
1904~1913	해리 힐맨 아카데미 1년 후배인 해롤더 디머와 동업하여 필라델피아에서 인쇄 및 문구 사업 시작
1914~1924	필라델피아에서 필립제이슨회사라는 이름으로 인쇄 및 문구 사업 단독 운영
1918. 12. 19	대한인국민회 중앙총회장 안창호에게 영문잡지 발간 제의
1919. 4. 14~16	필라델피아에서 이승만·정한경과 함께 '제1차 한인회의' 개최
4. 19	국민회 중앙총회 위원회에서 서재필을 외교고문으로 임명
4. 22	필라델피아에서 한국통신부를 설립하여 본격적인 선전활동을 전개

5. 16	필라델피아에서 한국친우회를 결성하고 이후 미국 전역과 영국·프랑스 등지에 23개의 친우회가 결성
6.	『코리아 리뷰』 발간
8. 25	이승만이 워싱턴에 설립한 구미위원부(위원장 김규식)의 고문에 임명
1921. 4. 18	구미위원부 (임시)위원장에 임명
7.	대한민국임시정부 재무총장 이시영에게 워싱턴회의를 대비할 것으로 처음으로 제의, 재정모금활동 착수
9. 29	임시정부로부터 워싱턴회의 한국대표단 부대표로 임명
1922. 2. 9	한국통신부와 한국친우회 활동에서 손 떼고 사업에 전념하겠다고 발표
7	『코리아 리뷰』 7월호 발간을 끝으로 한국통신부의 활동이 중단
1922. 9~1940	『동아일보』·『조선일보』·『신민』·『평화와 자유』·『산업』·『신한민보』 등에 활발한 기고활동 전개
1924	필립제이슨회사 재정난으로 파산
1925. 4	유일한과 함께 유한주식회사 설립
7	하와이 호놀룰루에 개최된 범태평양회의에 한국대표단 고문으로 참가
1926. 9	펜실베니아 의과대학원 특별학생으로 입학하여 의학 공부 재개
1927. 6~1935	여러 병원에서 의사로 근무
1929	병리학 전문의자격 얻음
1930~1934	미의학학회지에 병리학연구논문 발표
1936	펜실베니아 주 체스타에서 진료소 개업

1941. 8	부인 뮤리엘 암스트롱 별세
1941. 12	미군 징병검사 의무관으로 자원봉사
1945. 1	미국 국회로부터 정병의무관으로 봉직한 데 대한 공로로 훈장 수여
1947. 7. 1	미군정 최고고문이자 과도정부특별의정관 자격으로 둘째 딸 뮤리엘과 함께 내한
1947. 8. 15	해방 2주년 기념 연설
1947. 9. 12	매주 금요일 방송 강연 시작
1947. 11. 23	독립문 건립 50주년 기념식 연설
1948. 6	최능진·백인제 등 30여 명이 모여 서재필대통령추대운동을 전개
8. 27	마지막 방송 강연
9. 11	고국을 떠나 미국으로 돌아감
1951. 1. 5	필라델피아 근교 노리스타운에 있는 몽고메리병원에서 생을 마침
1974. 5	미국에서 서재필박사기념비건립위원회(위원장 임상덕) 설립
1975. 11. 22	미국 델라웨어 주 필라델피아 로스트리공원에 서재필박사 기념비 완공
1977	대한민국 정부에서 건국훈장 대한민국장 추서
1994. 4. 4	미국에 있던 유해를 한국으로 봉환
1994. 4. 8	유해를 서울 동작동 국립묘지에 안장

참고문헌

자료

- 『독립신문』, 『매일신문』, 『신한민보』, 『동아일보』, 『조선일보』, 『신민일보』, 『한성신보』, 『아메리카』, 『KOREA REVIEW』, 『KOREA REPOSITORY』.
- 노재연, 『재미한인사략』, 1951.
- 김원용, 『재미한인오십년사』, 1958.
- 국사편찬위원회 편, 『윤치호일기』 7~11, 1896~1899.
- 국사편찬위원회 편, 『독립운동사자료집』 4, 1972.
- 국사편찬위원회 편, 『한국독립운동사』 3, 1983.
- 국사편찬위원회 편, 『한국독립운동사: 자료』 2, 5, 1973.
- 김정주 편, 『조선통치사료』 8, 동경, 1971.
- 강덕상 편, 『현대사자료』 25, 1977.
- 국회도서관 편, 『한국민족운동사료』(중국편), 1979.
- 국회도서관 편, 『한국민족운동사료』(3·1운동 기일), 1979.
- 국회도서관 편, 『한국민족운동사료』(3·1운동 기삼), 1979.
- 민병용, 『미주이민 100년』, 한국일보사 출판국, 1986.
- 원성옥 역, 『최초의 한국의회』, 범한서적, 1986.
- N. H. Allen(김원모 역), 『알렌의 일기』, 단국대학교 출판부, 1991.
- Sun-pyo Hong ed., 『My Days in Korea and Other Essays』(서재필 영문 자료집), Institute for Modern Korean Studies Yonsei University, 1999.
- 최기영 엮음, 『서재필이 꿈꾼 나라』(서재필 국문 자료집), 푸른역사, 2010.

저서

- 강동진, 『일제의 한국침략정책사』, 한길사, 1987.
- 고정휴, 『이승만과 한국독립운동』, 연세대학교 출판부, 2004.
- 김도태, 『서재필박사자서전』, 을유문화사, 1972.
- 송건호, 『서재필과 이승만』, 정우사, 1980.
- 송건호, 『송재 서재필』, 중앙서관, 1983.
- 송재문화재단 편, 『인간 송재 서재필』, 재단법인 송재문화재단 출판부, 1986.
- 신용하, 『독립협회연구』, 일조각, 1985.
- 오세응, 『서재필의 개혁운동과 오늘의 과제』, 고려원, 1993.
- 이광린, 『한국개화사상연구』, 일조각, 1989.
- 이정식, 『서재필』, 정음사, 1984.
- 이정식, 『구한말의 개혁·독립투사 서재필』, 서울대학교 출판부, 2003.
- 이택희·김운태·양재인·신복룡·이상철·이우진, 『서재필』, 민음사, 1993.
- 임창영 지음, 유기홍 옮김, 『위대한 선각자 서재필박사 전기』, 공병우글자판 연구소, 1987.
- 현종민 편, 『서재필과 한국민주주의』, 대한교과서주식회사, 1990.
- 홍선표, 『서재필의 생애와 민족운동』, 독립기념관 독립운동사연구소, 1997.

연구논문

- 강재언, 「독립신문·독립협회·만민공동회―1890년대 후반기에 있어서의 부르좌적 변혁운동―」, 『한국의 근대사상』, 한길사, 1985.
- 고정휴, 「대한민국임시정부 구미위원부(1919~1925) 연구」, 고려대학교 박사학위논문, 1991.
- 김승태, 「서재필, 개혁정신의 실천과 기독교 신앙」, 『한영우선생정년기념논총, 한국인물열전』 3, 돌베개, 2003.
- 김신재, 「독립신문에 나타난 삼국공영론의 성격」, 『경주사학』 9, 1990.

- 김용덕, 「한국인의 미국관」, 『중앙사론』 1, 1972.
- 박성근, 「독립협회의 사상적연구」, 『이홍식박사회갑기념사학논총』, 1969.
- 박성수, 「서재필에 대한 재평가」, 『서암조항래교수화갑기념한국사학논총』, 아세아문화사, 1992.
- 방선주, 「1921~22년의 워싱턴회의와 재미한인의 독립청원운동」, 『한민족독립운동사』 6, 국사편찬위원회, 1989.
- 방선주, 「3·1운동과 재미한인」, 『한민족독립운동사』 3, 국사편찬위원회, 1988.
- 방선주, 『재미한인의 독립운동』, 한림대학교 아시아문화연구소, 1989.
- 손보기, 「3·1겨레 싸움과 미국의 반향」, 『한국민족독립운동사』 6, 국사편찬위원회, 1989.
- 손보기, 「3·1운동에 대한 미국의 반향」, 『3·1운동 50주년 기념논문집』, 1969.
- 유병용, 「3·1운동과 한국독립문제에 대한 미국언론의 반향」, 『김철준박사화갑기념 사학논총』, 지식산업사, 1983.
- 유영렬, 「독립협회의 민권사상연구」, 『사학연구』 22, 1973.
- 유영렬, 「독립협회의 민권운동전개과정」, 『사총』 17·18합집, 1973.
- 이광린, 「서재필(1863~1951)-개회의 선봉」, 『동방학지』 18, 1978.
- 이만갑, 「독립신문에 표시된 가치관념」, 『한우근박사정년기념사학논총』, 1981.
- 이선근, 「독립신문과 서재필」, 『신문평론』 가을호, 1965.
- 전봉덕, 「서재필의 법률사상」, 『한국사연구』 10, 1974.
- 전봉덕, 「송재 서재필론」, 『법사학연구』 5, 1979.
- 정구충, 「의사로서의 서재필」, 『최신의학』 4월호 별책, 1981.
- 정구충, 「한국 개화 혁신에의 지도자 서재필」, 『과학과 기술』 9, 1976.
- 정구충, 『한국의학의 개척자』 2, 1987.
- 정영희, 「독립신문의 창간과 그 역할」, 『인천대학논문집』 6, 1984.

- 정영희, 「독립신문의 창립과 계몽활동」, 『인천대학논문집』 7, 1984.
- 정영희, 「송재 서재필의 생애와 사상」, 『인천대학논문집』 5, 1983.
- 정진석, 「서재필과 『독립신문』에 관한 논쟁점들」, 『언론과 사회』 가을호, 1994.
- 정진석, 「서재필의 공과에 대한 재조명」, 『신문과 방송』, 1994.
- 주진오, 「독립협회의 대외인식의 구조와 전개」, 『학림』, 연세대사학연구회, 1986.
- 주진오, 「독립협회의 주도세력과 참가계층 – 독립문건립추진위원회시기를 중심으로」, 『동방학지』 77~79합본, 1993.
- 주진오, 「독립협회의 사회사상과 사회진화론」, 『손보기박사정년기념한국사학논총』, 1988.
- 천관우, 「60년 전에 될 뻔 했던 국회」, 『한국사의 재발견』, 일조각, 1974.
- 최덕수, 「독립협회의 정체론 및 외교론연구 – 『독립신문』을 중심으로 –」, 『한국근대정치사연구』, 사계절, 1985.
- 최준, 「고종시대 커뮤니케이션형태의 고찰 – 독립신문과 독립협회를 중심으로 –」, 『사학연구』 3, 1959.
- 최준, 「독립신문판권과 한미교섭」, 『중앙대논문집』 13, 1968.
- 한흥수, 「서재필의 귀국활동과 독립협회 창립」, 『연세행정논총』 4, 1977.
- 홍선표, 「서재필의 독립운동(1919~1922)연구」, 『한국독립운동사연구』 7, 독립기념관, 1993.

찾아보기

ㅈ

독립협회를 창설한 개화·개혁의 선구자 서재필

1판 1쇄 인쇄 2011년 12월 25일
1판 1쇄 발행 2011년 12월 30일

글쓴이   김승태
기 획   독립기념관 한국독립운동사연구소
펴낸이   김능진
펴낸곳   역사공간
          서울시 마포구 서교동 463-31 플러스빌딩 5층
          전화 : 02-725-8806~7, 팩스 : 02-725-8801
등록   2003년 7월 22일 제6-510호
ISBN 978-89-90848-88-8 03900

가격 10,000원